Susanne Niemeyer

Mut ist ...
Kaffeetrinken mit der Angst

Susanne Niemeyer

Mut ist ... Kaffeetrinken mit der Angst

40-mal anfangen

HERDER

FREIBURG · BASEL · WIEN

MIX
Papier aus verantwor-
tungsvollen Quellen
FSC C083411

© Verlag Herder GmbH, Freiburg im Breisgau 2018
Alle Rechte vorbehalten
www.herder.de

Umschlaggestaltung: Designbüro Gestaltungssaal
Umschlagmotiv: © Nataliya Dolotko – shutterstock,
© Lukacova – Getty Images

Satz: post scriptum, Vogtsburg-Burkheim / Hüfingen
Herstellung: CPI books GmbH, Leck

Printed in Germany

ISBN 978-3-451-37716-7

Inhalt

Lieber Anfangsgeist   8

Loslassen

Frieda trägt ihr Blümchenkleid
und ein paar andere Sachen   12

Wie es ist ...
1.   ... das wilde Leben zu suchen   14
2.   ... die Kontrolle aufzugeben   17
3.   ... still zu sein   20
4.   ... ins Paradies abzutauchen   22
5.   ... Einsiedler zu sein   24
6.   ... den Müll wegzubringen   26
7.   ... rauszufliegen   29

Fühlen

Gott trifft eine Entscheidung und die Engel
halten den Atem an   34

Wie es ist ...
8.   ... sich zu sehnen   36
9.   ... einen Eisbären zu streicheln   39
10.   ... aufs Bauchgefühl zu hören   42

11.   ... ein Leben zu wählen   45
12.   ... Schuld abzugeben   47
13.   ... sich ergreifen zu lassen   50

Sich zeigen

Stefan Siegelkow geht Angeln und fängt etwas an   54

Wie es ist ...

14.   ... mit Plan B zu leben   56
15.   ... sich leicht zu nehmen   59
16.   ... stark zu sein   62
17.   ... jemanden zu enttäuschen   64
18.   ... mitzumachen   66
19.   ... keine Rolle zu spielen   69
20.   ... etwas zu wagen   72

Lieben

Gott verspricht etwas und singt ein Wiegenlied   76

Wie es ist ...

21.   ... erlöst zu sein   78
22.   ... zu teilen   81
23.   ... Leid auf sich zu nehmen   84
24.   ... zu lieben   87
25.   ... die Komfortzone zu verlassen   89
26.   ... sich zu erinnern   91
27.   ... Gott zu befreien   93

Glauben

Lukas will, dass was passiert, und dann passiert was *98*

Wie es ist ...
28.   ... Gold zu finden   *100*
29.   ... sich zu bekennen   *102*
30.   ... allmächtig zu sein   *105*
31.   ... mit Gott zu streiten   *108*
32.   ... in den Himmel zu kommen   *110*
33.   ... schräg zu sein   *113*

Ausprobieren

Gott ist mutig und raucht im Himmel Pfeife   *118*

Wie es ist ...
34.   ... Christ zu sein   *120*
35.   ... im Alltag zu meditieren   *123*
36.   ... das Glück zu finden   *126*
37.   ... ja zu sagen und nein   *129*
38.   ... mit der Angst Kaffee zu trinken   *131*
39.   ... jetzt zu leben   *134*
40.   ... etwas zu ändern   *137*

Lieber Anfangsgeist,

ich glaube nicht an Gespenster. Obwohl ich sonst an alles Mögliche glaube. Zum Beispiel, dass ein Glas heißes Wasser nach dem Aufstehen mich besser durch den Tag bringt oder dass kleine Kügelchen gegen allerlei Wehwehchen helfen, obwohl ich keine der mir angebotenen Erklärungen besonders logisch finde. Ich halte es für möglich, dass Magnetfelder meinen Schlaf beeinflussen, und an Gott glaube ich, obwohl auch dafür kein Beweis existiert. Aber Gespenster? Da denke ich an Bettlaken mit Augen.

Nur an dich, lieber Anfangsgeist, an dich glaube ich. Du versetzt mich in den Anfängerstatus, der mein Leben aufregend macht. Denn normalerweise muss ich im Alltag ja keine Säbelzahntiger erlegen und von Baum zu Baum schwinge ich mich auch nicht. Mein Leben ist relativ abenteuerlos. Aber du – machst mich neugierig. Erinnerst mich daran, aufmerksam zu sein. Forderst meinen Mut heraus.

Allerdings hast du dich in vergangener Zeit etwas rar gemacht. Wann habe ich zuletzt etwas zum ersten Mal getan?

Ich gebe ja zu, Routine kann etwas Beruhigendes haben. Und praktisch ist sie allemal. Ich möchte nicht jeden Tag aufs neue Radfahren lernen. Auch bin ich froh, dass ich die Regeln der Rechtschreibung so einigermaßen begriffen habe. Ein Mittagessen improvisiere ich mit einer auf den Rücken gefesselten Hand. Aber sollte das wirklich schon das Aufregendste in meinem Leben sein?

Lieber Anfangsgeist, wir sollten uns mal wieder treffen. Und damit meine ich nicht einen deiner abstrusen Einfälle. Ich werde nicht vom Zehnmeterturm springen, nachdem ich den Fünfer schon mit Mühe und Not ohne zu kollabieren über die Leiter verließ. Bring mich bitte auch nicht in die Versuchung, einen fremden Mann zu küssen, nur weil das erste Mal immer aufregend ist. Und auf so zweifelhafte Unternehmungen wie S-Bahn-Surfen kann ich auch verzichten.

Ich weiß, ich muss meine Komfortzone verlassen. Das sagst du immer. Sonst kann ich höchstens zu sticken beginnen. Wir wissen beide, dass das ausscheidet. Weder macht es mich neugierig, noch brauche ich einen Wandteppich. Ich schlage vor, wir machen es so: Ich überlege mir etwas Spannendes, das ich schon immer mal ausprobieren wollte. Ob ich darin eine Meisterin werden oder nur mal reinschnuppern will, spielt keine Rolle. Auch nicht, ob es einen objektiv messbaren Nutzen hat. Und dann treffen wir einander. Ich bringe Mut, Aufmerksamkeit und Neugier mit und du begeisterst mich. Abgemacht?

Bis bald, deine S.

Was traust du dich?

die Zukunft
nicht zu planen

meinem
Chef

lies weiter
auf Seite 56

ich hab so
schon genug
zu tun

geh Eis essen.
Jetzt.

lies weiter
auf Seite 64

vom Fünfer zu springen

zu widersprechen

Gott

meinem
gestrigen
Ich

pack die
Badehose ein

lies weiter
auf Seite 108

lies weiter
auf Seite 134

Loslassen

Frieda trägt ihr Blümchenkleid
und ein paar andere Sachen

Als Gott seine Nachmittagsrunde dreht und rechts hinterm Bahnhof in diese kleine Seitenstraße einbiegt, deren Namen er sich nie merken kann, sieht er Frieda.

Frieda mit dem Blümchenkleid. An ihren Armen hängen Tüten. Eine Menge Tüten, mehr Tüten, als sie eigentlich tragen kann. Sie sind prall gefüllt, und es sind Tüten von abgetragener Art. Dass sie nicht neu sind, sieht Gott sofort. Dass keine Einkäufe darin liegen, keine Äpfel, die Frieda zuhause in eine Schale legen wird. Der Rücken von Frieda ist rund vom vielen Arbeiten und auch sonst. Bestimmt schneiden die Tüten Kerben in ihre Hände.

Gott beschleunigt seinen Schritt. »Darf ich?«, fragt er, als er sie eingeholt hat.

Frieda sieht auf. In ihrem Blick blitzt Erstaunen auf; aber auch ein Erkennen, als seien sie einander irgendwann schon einmal begegnet. Falten durchziehen ihr Gesicht, furchengleich. Unmöglich zu schätzen, wie alt Frieda ist. Aber sie lächelt.

»Ach«, sagt sie, und vielleicht will sie fortfahren und etwas sagen wie: Nicht nötig. Es geht schon. Aber sie zögert, und während dieses Zögerns nimmt Gott ihr vorsichtig eine Tüte ab und dann noch eine, so richtig gentlemanlike; das hat Frieda schon lange nicht mehr erlebt.

Die Sonne scheint an diesem Nachmittag und trotzdem ist die Straße leer. Zwei Tauben streiten um ein halbes Rosinenbrötchen, im Rinnstein liegt eine leere Coladose. Sonst ist nichts Besonderes zu sehen. Nur die beiden, wie sie dastehen. Gott und Frieda.

»Da hat sich viel angesammelt«, sagt Frieda, als wolle sie sich entschuldigen. Viele Erinnerungen, unangenehme Erinnerungen (die schönen, die bewahrt Frieda woanders auf). Grübeleien, die nicht abgeschlossen sind. Ungelöste Fragen. Wirres Zeug, schweres Zeug. Sehr schweres Zeug.

»Man weiß ja gar nicht, wohin damit.« Frieda zieht die Schultern hoch. »Jetzt schleppe ich das eben mit mir herum. Was soll man machen?«

Gott nickt, als wisse er genau, was sie meint. »Darf ich?«, fragt er noch einmal. Vielleicht fasst sie Vertrauen zu ihm, denn er hat sanfte Augen, jedenfalls gibt sie auch die restlichen Tüten eine nach der anderen ab. Bis sie da steht mit leeren Händen. Aber leicht, sehr leicht. Wie Flügel heben sich ihre Schultern.

Gott lächelt ihr noch einmal zu, und dann geht er davon.

»Aber«, ruft Frieda, »Sie können doch nicht ... Was wird denn mit den schweren Sachen?«

»Schon gut«, ruft Gott, bevor er hinter der nächsten Ecke verschwindet. »Ist schon gut. Vergessen Sie's!«

1 Wie es ist, das wilde Leben zu suchen

Mit mir sieht es so aus: Ich mag mein silbernes Wählschei-
bentelefon und gleichzeitig preise ich Skype. Manchmal
kaufe ich einen Pullover von Marc O'Polo und frage mich,
wie viel von dem horrenden Preis bei der Näherin an-
kommt. Ich habe kein Auto und unterschreibe Petitionen,
um die Welt besser zu machen. Trotzdem bin ich letztes
Jahr nach La Gomera geflogen und fand es toll. Das sind
die Widersprüche des Seins. Ich glaube, zu den Haupt-
aufgaben des Lebens gehört es, mit diesen Widersprüchen
klar zu kommen. Ihnen weder gleichgültig gegenüber zu
stehen, noch daran zu zerbrechen, keine Heilige zu sein.

Ich bin mal für ein paar Tage ins Kloster gefahren.
Zwischen Weihrauch und Apfelbäumen dachte ich über
das Leben nach und warum ich es nicht schaffe, regelmäßig Yoga zu machen, den Computer zu gegebener
Zeit auszuschalten und zu handeln statt zu hadern. Ich
weiß, es gibt existenziellere Probleme, aber die Frage ist
doch: Warum lebe ich nicht das Leben, von dem ich weiß,
dass es mir gut tut? Stattdessen dient sich die Trägheit
als beste Freundin an und die Völlerei schiebt Choco
Crossies rüber.

Ich klagte einem Mönch meine Unzufriedenheit, aber
es schien ihn nicht weiter zu überraschen. Ihm ginge es
auch oft so. Jetzt war ich überrascht. Ein Mönch, hätte
ich gedacht, wird doch wohl eine Art Fachmann sein, was
bewusstes Leben angeht. Aber er sagte nur: »Die Hauptsache ist, dass man sich immer wieder ausrichtet.« Ich
stellte mir eine Kompassnadel und den Nordpol vor, also

mich und das gute Leben, und wenn ich hin und wieder nachgucke, ob die Richtung noch stimmt, dann ist alles gut. Das schien eine sehr praktikable Formel zu sein.

Das erste Mal nahm ich bewusst einen solchen Kompass in die Hand, als ich sechzehn war. Gerade hatte der erste Dönerladen in unserer Kleinstadt aufgemacht, das war ein Ereignis. Zeitgleich hatte ich mit meiner besten Freundin beschlossen, in der Fastenzeit kein Fleisch zu essen. Ich war eine echte Fleischfresserin. Wenn die Augen anderer bei Gummibärchen oder Lakritze leuchteten, wollte ich ein Schnitzel. Aber ich hatte einen Film über Massentierhaltung gesehen, und das war stärker als meine Fleischeslust. Am Vorabend des Aschermittwochs aß ich also den ersten Döner. Es blieb mein einziger. Er schmeckte super. Aber ich konnte hinterher, nach Ostern, trotzdem nicht wieder anfangen, Fleisch zu essen. Sieben Wochen Gemüse und Nudeln hatten mir gezeigt, dass es gar nicht so schlimm ist wie gedacht. Die erste Fastenzeit meines Lebens hatte mein Leben verändert.

Es folgten Fastenzeiten ohne Süßigkeiten, ohne Alkohol; einmal nahm ich mir vor, »Ja-aber«-Gesprächen abzuschwören, ein anderes Mal las ich jeden Tag einen Psalm. Alles, weil ich die leise Ahnung hatte, mein Leben könnte dadurch wacher werden. Ich könnte dadurch wacher werden.

Seit damals frage ich einmal im Jahr: Was nimmt mich gefangen? Und womit nehme ich andere gefangen?

Ich glaube, in einer wunderbaren Welt der tausend Angebote hilft es, manchmal die Seele umzustülpen und zu schauen, was wirklich glücklich macht. Ein innerer

Frühjahrsputz sozusagen. Mich für eine Zeit aus der Leistungsgesellschaft auszuklinken. Mir frank und frei eingestehen zu können: läuft gerade nicht so gut. Ich will was ändern. So eine Zeit holt diese riesigen Fragen in den Alltag: Bitte sehr, probiere es aus, sagt sie. Für das schönere, bessere, wildere, für das echte Leben. Du bist so frei.

mag ich: Ausbruchsversuche. Gebackenen Kürbis. Landkarten aus Papier. Den Tanz der Derwische. Nüchtern sein. Alltagsträume. Etwas zum ersten Mal tun. Kichererbsencurry. Die Benediktsregel. Frisch geputzte Fenster.

2   Wie es ist, die Kontrolle aufzugeben

Ich bin kein Kontrollfreak. Manchmal schaue ich nach meinem Kontostand und denke: Aha. Manchmal misst der Arzt meinen Blutdruck und ich denke wieder: Aha. Mehr nicht. Ich weiß, ich bin privilegiert. Das ist die Reaktion einer, die nicht in ihrer Existenz bedroht ist. Aber es gibt eben auch Menschen, die kaufen sich ein Blutdruckmessgerät und legen Tabellen mit ihren Werten an, ohne dass es einen Anlass gäbe. Oder sie kaufen eine von diesen Uhren, die ihnen sagt, wie viele Schritte sie gegangen sind, dass sie noch 347 Kalorien verbrennen und einen Schal anziehen sollten, weil es draußen schneit.

Es gibt Bereiche, da finde ich Kontrolle ganz beruhigend. Der Zoowärter möge bitte kontrollieren, ob die Giftschlangen tatsächlich sicher verwahrt sind. Auch die Zellentür eines Schwerverbrechers sollte gut verschlossen sein. Im Sommer kontrolliere ich, ob sich in meine Coladose keine Wespe verirrt hat, bevor ich trinke. Aber das sind Selbstverständlichkeiten.

»Seien wir ehrlich«, warnte Erich Kästner, »Leben ist immer lebensgefährlich.« Ein Restrisiko bleibt. Je weiter wir dieses Restrisiko einschränken wollen, desto kleiner wird der Entdeckungsspielraum. Wahrscheinlich gibt es deshalb Soaps und Online-Games. Da kann man alles Mögliche ohne Risiko erleben.

Ich will die Originalversion. Ich will selber rausgehen und das Leben erleben. Dafür brauche ich nicht zum Nordpol, ich brauche auch keinen Fallschirmsprung. Es reicht, vor die Haustür zu gehen. Das Handy und Google

Maps zu Hause zu lassen. Darauf zu vertrauen, mitten in Europa schon nicht verloren zu gehen. Ich will ein Recht auf Risiko, so wie man als Kind einen Baum erklomm und abwog, ob ein Ast trägt oder nicht. Irgendwann hat man es im Gefühl.

Ich will nicht, dass ein Programm kontrolliert, ob mein Kühlschrank gefüllt ist. Wenn ich eine Auskunft will, frage ich einen Menschen und nicht Siri. Ich will nicht kontrollieren, wie viele Ballaststoffe mein Abendessen hat, und keine Uhr soll meine Blutfettwerte messen. Ich will darauf vertrauen, dass mein Körper so grob weiß, dass eine Möhrenrohkost gesünder ist als ein Double-Cheese-Doppel-Whopper. (Und gleichzeitig, dass ihn so ein Ding auch nicht umbringen wird.) Ich will nicht kontrollieren, ob Claudia meine WhatsApp gelesen hat. Ich will darauf vertrauen, dass sie sich schon melden wird, wenn es passt. Es ist mir egal, wer mein Facebook-Profil anschaut. Kein Programm soll preisgeben, wo ich mich gerade befinde. Ich will meine Verstecke. Manchmal will ich mich so durchwurschteln, das soll keiner sehen.

Ich will Unsicherheit aushalten, jedenfalls bis zu einem gewissen Grad. Natürlich weiß ich, dass es böse Menschen und finstere Abgründe auf der Welt gibt. Die gab es schon immer. Jedes Märchen erzählt davon. Aber es erzählt eben auch von mutigen Menschen, die in die Welt hinaus ziehen und darauf vertrauen, dass es Rettung gibt. So ein Mensch will ich sein.

mag ich nicht: Prahlen, wie viel man arbeitet. Multitasking.
Essen und dabei aufs Handy schauen. Sonntags einkaufen.
Im Glashaus sitzen. Mich beobachtet fühlen. Im Urlaub on-
line sein. Hinter jemandem herspionieren. Sagen, dass der
liebe Gott alles sieht. Thermomix.

3   Wie es ist, still zu sein

Wo ist der stillste Ort in deiner Wohnung?

Wie viele Stunden am Tag läuft das Radio, der Fernseher oder eine andere Art von Unterhaltung?

Findest du das Wort »Totenstille« bedrohlich?

Kommt nach der Ruhe immer der Sturm?

Ist Gott eher laut oder leise?

Und du?

Warum haben Leisetreter eigentlich einen so schlechten Ruf?

Welches Geräusch findest du am schlimmsten:

a) Das Piepen eines Weckers

b) Eine Bohrmaschine im Nachbarhaus

c) Einen Konvoi Motorräder

d) Das unermüdliche Kläffen eines Dackels

Ist es am Meer still, obwohl die Wellen tosen?

Und auf einem Berg, trotz des fauchenden Windes?

Kann man ohne Stille leben?

Redest du mit dir selbst, wenn es ganz ruhig ist?

Worüber?

Gibt es Dinge, die man nur entdeckt, wenn es ganz still ist?

Welche?

Stillt Stille?

Was?

Mit wem kannst du schweigen, ohne dass es unangenehm ist?

Ist Stille eine Fähigkeit?

Wann stellst du dein Handy auf »lautlos«?

Was ist der Reiz an einem Stillleben?

Welches würdest du selbst malen?

Sind stille Wasser wirklich tief?

Was verbirgt sich in der Tiefe?

Tauchst du gern?

Ist Stille Abwesenheit oder Anwesenheit?

Leidest du unter Lärmverschmutzung?

Welcher Art?

Wann ist Stille zu still?

Ist es still, wenn man denkt?

Was hörst du, wenn es ganz still ist?

mag ich nicht: Fahrstuhlmusik. Tropfende Wasserhähne. Das Summen der Klimaanlage. Redeverbote. Ohrwürmer, die nicht verschwinden. Bonbonknistern im Theater. Stille Post (Spucke im Ohr).

4 Wie es ist, ins Paradies abzutauchen

Als Gott uns aus dem Paradies warf, gab er ein paar Andenken mit. Eins davon ist der Schlaf. Das war klug. Um das Paradies wiederzufinden, braucht man sich also nur ins Bett zu legen.

Ich liebe mein Bett. Die Decke ist aus Daunen. Das liebe ich auch, obwohl dafür ein paar Gänse ihr Leben ließen. Nichts birgt so sehr wie ihre Federn. Ich brauche keine Radioleiste am Kopfende und kein integriertes Licht. Mein Bettgestell muss nicht aus Walnuss sein und eine Massagefunktion benötige ich auch nicht. Ein Berg voller Federn, und alles ist gut. Ich liege im Bett und bin in Sicherheit. Tagsüber bin ich eine Nomadin. Mein Bett holt mich heim.

Einmal las ich, ein Bett solle man nur zum Schlafen und für Sex nutzen. Ich bekam sofort ein schlechtes Gewissen. Denn ich finde, im Bett kann man fast alles tun. Das meiste von dem, was sitzend geht, ist im Liegen gemütlicher. Auf was müsste ich alles verzichten: Lesen in langen Nächten. Picknick an sonnigen Morgen. (Ach, Brötchenkrümel! Über Brötchenkrümel lamentieren nur Langweiler.) Die erste Tasse Tee, bevor ich hinaus muss aus der wohligen Wärme des Schlafs und das Tagwerk beginnt. Die Zeitung am Samstagmorgen. Meine Lieblingsserie auf dem Notebook. Den Zufluchtsort, wenn die Welt schlecht ist. Die Tobefläche mit meinem kleinen Neffen. Den Sonnenfleck, dessen Verlockung stärker ist als der Schreibtisch. Was für eine Verschwendung, diesen wunderbarsten aller Plätze jenseits der Nacht zu meiden, als wäre er des Teufels Wohnung.

Wahrscheinlich ist genau das der Punkt. Ein Bett, das hat etwas Anrüchiges. Sex, Schlaf, Traum, Müßiggang. Unterm Bett wohnen die Monster. Unterm Bewusstsein das Unbewusste. Der Wunsch unter der Wirklichkeit. Klar ist ein Bett gefährlich. Alle schönen Dinge sind auch gefährlich. Die Liebe, das Reisen, der Wein und der Schlaf.

Des Schlafes Bruder ist der Tod. Ich gebe mich aus der Hand. Acht Stunden schleicht sich die Anderwelt mit ihren Träumen und Bildern, mit ihren Sonderbarkeiten in mein Sein. Acht Stunden bin ich nicht mehr die Herrin meiner selbst. Wenn ich mich ins Bett lege, dann lasse ich los. Nicht umsonst heißt es auf Englisch »to fall asleep«. Vielleicht wache ich nicht mehr auf.

Doch des Schlafes Schwester ist das Paradies. Und wer das Paradies will, muss mit der Schlange leben. Ist das wirklich so schlimm? Sie sorgt für Veränderung. Und Veränderung beginnt oft nachts. Als Adam eines Morgens die Augen aufklappte, war Eva da. Die Geschichte nahm eine neue Wendung. Eine Nacht über etwas schlafen, und die Welt sieht anders aus. Kinder und Träume wachsen. Wut verfliegt. Der Schlaf wiegt uns ins Paradies. Am Morgen sehen wir weiter.

mag ich: Nachtzüge mit Schlafwagen. Die dritte Strophe von »Der Mond ist aufgegangen«. Den Moment kurz vorm Einschlafen. Träume aufschreiben. Lavendel. Gestreifte Bettwäsche. Auferstehung am Morgen.

5   Wie es ist, Einsiedler zu sein

Herr W. ist Einsiedler. Das ist ein aussterbender Beruf heutzutage. Aber genaugenommen ist das auch gar nicht Herrn W.s Beruf, sondern sein Alltag. Herr W. wohnt in einem Schäferkarren, der ist einmeterneunzig lang. Sein Wohnzimmer ist die Wiese, der Wald, die Pflaumenbäume. Die Zimmerdecke reicht zum Himmel. Im Winter ist dieses Wohnzimmer unbeheizt, dann wird es eng im Wagen.

Herr W. lebt allein auf weiter Flur. Einsam ist er trotzdem nicht. Es gibt Vogeljunge und streunende Katzen und eine Freundin gibt es auch. Wenn ich Einsiedler höre, denke ich an Mönch, Meditation und Mittelalter. Nichts davon trifft auf Herrn W. zu. Er ist Grafikdesigner, kauft sein Essen bei Penny und die Freundin wohnt in der Stadt. Manchmal besucht sie ihn, manchmal er sie. Ansonsten hat W. nicht viel: ein Bett, einen Tisch, eine Sitztruhe und einen gusseisernen Ofen. Er hatte mal eine Werbeagentur, die verschenkte er an seine Mitarbeiter. Etwas zu haben ist für ihn keine Kategorie. Wahrscheinlich, weil das Sein soviel Raum einnimmt.

Ich buchstabiere mein Leben durch und komme auf eine Menge Dinge, die ich habe: sieben Sofakissen, drei Bücherregale mit wenigen Lücken, eine Handvoll Freunde und eine mittelprächtige Altersvorsorge. Das Wort »haben« taucht in meiner Sprache oft auf, und es taucht auf, wo es gar nicht hingehört: Ich habe Lust, Pommes zu essen. Ich habe Angst vor Terroristen, Spinnen und dem jährlichen Steuerbescheid. Ich habe Erfahrungen, als handele es sich dabei um einen Schrank voller Dinge. Und habe ich meine Freunde wirklich?

Dabei könnte ich es auch anders sagen: Ich will Pommes essen. Ich bin ängstlich. Ich erfahre oder erlebe etwas. Ich bin Freundin. Das ist Sein statt Haben. Es ist unmittelbarer. Es betrifft mich direkter. Etwas zu haben gaukelt Sicherheit vor. Manchmal zurecht, oft aber auch nicht. Ich bin die mit den vollen Scheunen. Dabei könnten Mäuse, der Tod, Bauchschmerzen oder eine Lebensänderung vieles von dem, was ich sicher zu haben meine, sinnlos machen. Was ich einmal habe, schleppe ich mit mir herum. Und damit meine ich gar nicht an erster Stelle die Dinge. Man kann genauso Ängste, Hoffnungen und Erwartungen mit sich tragen, die Hände und Herz binden. Haben heißt sammeln. Sein heißt, sich auszusetzen.

Herr W. hat sich irgendwo auf einer Wiese ausgesetzt, um zu leben. Nicht mehr und nicht weniger. Manchmal kommen Leute. Die wollen sehen, wie so einer lebt. Vielleicht auch, um zu schauen, wie verrückt er ist. Sie wollen eine Antwort haben, warum einer das tut. Gleichzeitig wollen sie wissen, wie das geht, Ruhe zu haben, Sinn. Sie wollen ein Rezept, das sie mitnehmen können. Auch so etwas hat Herr W. nicht. Er hat keine Botschaft, er tut nichts Besonderes, außer auf der Bank über dem Tal zu sitzen. Er ist einfach da. Ich mag den Gedanken, dass das reicht.

mag ich: Urlaub mit Zelt. Tante-Emma-Läden. Hochebenen. Weite Blicke. Leihbüchereien. Großzügige Menschen. Seifenblasen. Ein Wochenende zum Einigeln. Lilienduft.

6   Wie es ist, den Müll wegzubringen

Als ich letztens Gott traf, fragte ich, was er von Beruf sei. »Ich bin bei der Müllabfuhr«, sagte er, und das ließ mich erstaunt aufblicken. Damit hatte ich nicht gerechnet. »Wieso«, fragte Gott, »was hast du dir denn vorgestellt?« Ich überlegte einen Moment. »Ich dachte eben, du seist König. Oder Arzt, das ginge auch noch. Von mir aus auch Mutter, damit hat man ja mitunter genug zu tun.«

Ich wollte es nicht so recht sagen, aber bei der Müllabfuhr zu sein, das ist ja eigentlich kein schöner Beruf. Man räumt den Dreck anderer Leute weg, und meistens stinkt es. Besonders, wenn der Müll schon alt ist. Eine unappetitliche Sache alles in allem.

Gott zuckte mit den Schultern. »Einer muss es ja machen.«

Wenn ich eins nicht mag, dann ist es, den Müll rauszubringen. Auf der Skala unangenehmer Hausarbeiten rangiert das ganz oben, noch vor Staubsaugen oder Bett beziehen. Obwohl es ja viel schneller geht. Ich weiß auch nicht, was mich daran so stört.

Als Kind stellte mich meine Oma Mittwoch morgens auf die Fensterbank. Von dort konnte ich auf die Straße sehen. Wir warteten auf den Müllwagen. Wenn er endlich kam, stiegen die Männer in Orange aus und warfen mit mächtigem Schwung die stinkenden Säcke in den Lastwagenschlund. »Sei froh, dass es sie gibt«, sagte Oma. »Wir würden sonst im Dreck ersticken.« Ich war froh und bewunderte sie. Sie waren stark. Bei Regen und Kälte fuhren sie durch die Stadt, und sie schienen sich vor nichts zu ekeln. Bevor sie weiterfuhren, winkten sie fröhlich zu mir hoch. Manchmal hatten sie einen Teddybären oder etwas anderes Gefundenes an ihren Wagen gebunden, etwas, das dem Müll entkommen war. Eine Perle im Dreck. Auch das gab es.

Jetzt stelle ich mir vor, dass einer von ihnen Gott war. Auf einmal scheint es mir gar nicht mehr so abwegig. Gott, der Dreckwegmacher. Einer muss es machen, denn wenn keiner es täte, dann bliebe ja unser ganzer Müll auf der Erde, und es stänke zum Himmel. Wenn nun Gott Samstag abends an der Straße stünde. Bevor es Sonntag wird und eine neue Woche beginnt. Eine Woche, in die ich nicht den Müll der alten Woche hineinzunehmen bräuchte. Eine Woche, die leicht und duftend anfängt, blank gewienert und aufgeräumt. Wenn Gott riefe: »Bring den Müll runter, nur her mit dem ganzen Dreck, dem Frust, dem Abfall, allem, was stinkt und was auf deiner Seele liegt und sie schwer macht. Ich kümmere mich darum.«

Und dann würde ich aufräumen, so wie ich auch einmal die Woche die Wohnung putze, putzte ich mein Inneres. Alles, was dort in den Ecken und Winkeln vor sich hin gärt, kehrte ich zusammen, ich leerte es in einen großen Sack, den ich dann zubände und an die Straße stellte. Und Gott käme, er käme ganz sicher in seiner leuchtend orangen Jacke, damit ihn jeder sehen kann, und nähme alles mit. Und ich stünde oben am Fenster und er winkte hinauf und ich winkte zurück.

mag ich: Tagebuch schreiben. Altlasten entsorgen (inklusive der Leichen im Keller). Orange. Exerzitien. Menschen, die ihren Müll mitnehmen. Recycelte Dinge. Oscar in der Tonne.

7   Wie es ist, rauszufliegen

Es war August. Die Sonne schien. Der Engel kam am spä-
ten Nachmittag. Er stellte ihr ein Bein. Sie fiel auf die
Nase. Als sie sich aufrappeln wollte, befahl er: Du bleibst
liegen.

Der Arzt war seiner Meinung. Sie wurde in ein Bett gelegt. Dann ging das Licht aus. In dieser ersten Nacht im
Krankenhaus schlief sie gut.

Am Morgen bat sie um ihr Notebook. Den Kalender.
Das Ladegerät für ihr Handy. Ein WLAN-Passwort sowieso. Als sollte der Alltag einfach weitergehen. Vergiss
es, sagte der Engel.

Sie durfte nicht aufstehen. Gar nicht. Die zweite Nacht
kam, die dritte, die vierte. Eine Woche verging. Ihr Kran-
kenhauszimmer war hell und freundlich, draußen war
Sommer. Man hätte ins Freibad gehen können oder in
einen Biergarten. Sie nicht. Während sie so dalag, merkte
sie, dass es sie nicht störte. Sie, die schon Verpassungs-
angst hatte, sobald der erste Sonnenstrahl die Wolken-
decke durchbrach, sie lag jetzt hier unter weißen Laken
und war erleichtert, dass ihr jemand das Wollen abge-
nommen hatte. Das Müssen sowieso.

Sie sagte alle Termine ab. Eine automatische Antwort
kümmerte sich um ihre Emails. Die Welt würde sich ohne
sie weiterdrehen, das vergisst man ja manchmal. Selbst
dann, wenn man keine Staatsgeschäfte zu lenken hat,
sondern nur ein paar Sachen zu schreiben, Aufträge abzugeben, Mittagessen zu kochen oder Hühner zu füttern.
Aber was könnte eigentlich schlimmstenfalls passieren?

Jemand brachte ihr ein Buch mit, sie verschlang es und erinnerte sich daran, wie gern sie las. Dann döste sie ein bisschen. Wann hatte sie sich zum letzten Mal ohne schlechtes Gewissen einen Mittagsschlaf gegönnt? Wenn sie erwachte, gab es Obstsalat oder Tee oder einen Amerikaner, sie fühlte sich wie in einem Sanatorium, obwohl das doch ein ganz normales Krankenhaus war, und Privatpatientin war sie auch nicht. Auf einmal war ihr verordnet, wonach sie sich so lange gesehnt hatte: Ruhe.

Der Engel lächelte.

Sie wurde untersucht. Sie wurde operiert. Der Tod ging an der Tür vorbei, er wollte nicht zu ihr. Aber sie hatte ihn gesehen. Die anderen auf der Station waren Raucher. Oder alt. Oder übergewichtig. Sie nicht. Sie haderte nicht, es war ja nochmal gut gegangen, aber sie wunderte sich.

Du musst dein Leben ändern, sagte der Engel, und damit meinte er kein gesünderes Essen. Sie wusste genau, was er meinte: Nimm dir Zeit für Pausen. Buchstabiere das Wort Feierabend. Lies, spiel Klavier, zeichne. Das ist es doch, was dich erfüllt. Kein Internet wird dir das bieten. Das weißt du. Beweg dich. Geh spazieren, auch bei Regen. Die zehn Minuten zum Supermarkt gelten nicht. Triff Freunde, spiel Siedler oder Karten. Geh ins Kino, weißt du nicht mehr, wie gern du abseitige Filme siehst? Wann hast du aufgehört, Karten fürs Ballett zu kaufen? Tagebuch zu schreiben? Comics zu lesen? Wann hast du grimmig beschlossen, einer Pflicht zu folgen, die nur du dir selbst auferlegt hast?

Sie wusste genau, was der Engel meinte. Sie hatte es nur kurz vergessen.

mag ich nicht: zusammengebissene Zähne. Facebook als Nachtgebet. Tee aus Pappbechern. Leben to go. Wichtige Telefongespräche im Zug. Leerer Kühlschrank. Vertröstungen. Druck auf der Brust. Unentbehrlich sein.

Was nimmt dich gefangen?

meine Erwartungen

vier Wände

an mich selbst

an die Welt

lies weiter
auf Seite 78

lies weiter
auf Seite 123

Wann hast du zuletzt
unter freiem Himmel
geschlafen?

der Ruf meines
Bankkontos

ich will
Sicherheit

ich will
Gerechtigkeit

lies Matthäus
14, 23–31

lies Matthäus
6, 19–34

Fühlen

Gott trifft eine Entscheidung
und die Engel halten den Atem an

Gott sitzt auf einem Stein und schaut den Menschen zu. Gott schaut oft.

»Was in ihnen wohl vorgeht?«, fragt er den Engel, der am nächsten steht. Einer ist immer da.

»Verschiedenes«, sagt der Engel. Er ist ein bisschen maulfaul. Wahrscheinlich denkt er, dass Gott nicht alles wissen muss.

»Aber was?«, fragt Gott. Der Engel hätte damit rechnen können, dass Gott nicht lockerlässt.

Er sagt also: »Manche sind gerade verliebt. Anderen ist langweilig. Da gibt es welche, die wütend sind, von denen einige wiederum gar nicht wissen, dass sie wütend sind. Es ist kompliziert. Manche sind auch traurig. Während andere sich freuen. Über eine Bockwurst mit Kartoffelsalat oder dass dasselbe Lied im Radio gespielt wird wie bei ihrem ersten Kuss.«

Gott schweigt eine Weile.

Dann fragt er: »Wie fühlt sich das an?«

»Was?«

»Alles.«

Der Engel überlegt.

»Es fühlt sich unterschiedlich an. Wie ein Strudel im Bauch fühlt es sich an, wenn man verliebt ist. Wie ein

Stein auf der Brust, wenn man traurig ist. Es kann sich aber auch wie eine Nebelwand anfühlen. Je nachdem. Manchmal fühlt man auch alles auf einmal. Die Menschen sind komplex. Aber das weißt du ja.«

»Sie sind so weit weg«, murmelt Gott, obwohl das nicht stimmt, denn er kann sie ja sehen. Zum Beispiel den Mann mit der Wut im Bauch. Nur die Wut, die sieht er nicht.

»Ich will fühlen, was sie fühlen«, sagt Gott und der Engel erschrickt.

»Das willst du nicht«, sagt er. »Damit lieferst du dich aus. Gefühle sind unberechenbar. Zum Beispiel kann es schrecklich weh tun, verliebt zu sein.«

»Aber auch schön, oder?«

»Auch schön«, nickt der Engel.

Gott überlegt. Dann hat er sich entschieden. »Ich will das auch.«

»Das geht nicht«, sagt der Engel.

»Nein, das geht wirklich nicht!« Ein zweiter Engel ist dazugekommen. »Du bist Gott. Gott ist erhaben über alle Dinge.«

»Aber ich will.«

»Dann musst du Mensch werden. Du wirst lieben, wie sie lieben, und weinen, wie sie weinen, du wirst lachen, wie sie lachen, du wirst wütend sein, du wirst dich einsam fühlen, du wirst an dir zweifeln. Und du wirst sterben.«

Eine Lerche verstummt. Der Wind schweigt. Die Engel halten den Atem an.

»Ich will«, sagt Gott und dann geht er und wird Mensch.

Manchmal sehne ich mich nach Ichweißnichtwas. Dann fühle ich mich wie ein liebeskranker Teenager, der nicht sagen kann, ob es Jule oder Luise ist, nach der er sich verzehrt. Es reicht nicht, einen Strauß Blumen zu kaufen oder eines von diesen Achtsamkeits-Magazinen. Zu jeder Sehnsucht gibt es ein Angebot, das mir zuflüstert: Ich stille dich. Mach einen Yogakurs oder kauf einen Bewegungszähler. Lies ein Einrichtungsmagazin, bestell Bettwäsche mit Punkten. Hör auf deine innere Stimme. Wir haben die Antwort. Aber so ist es nicht. Dieses Gefühl, das ich meine, bleibt einfach da. Und es ist größer. Es ist wie verliebt zu sein, ohne den Adressaten zu kennen.

Kann sein, dass das was mit Gott zu tun hat. Kann sein, dass ich deshalb überhaupt nach Gott suche. Weil ich das Gefühl habe, irgendwas ist da, das lässt sich nicht mit Weißweinschorle stillen, auch nicht mit Sex oder einer Wanderung zum Nordkap. Obwohl das alles gute Sachen sind.

Ich nenne das, wonach ich mich sehne, Gott. Probeweise, weil mir nichts anderes einfällt.

Vielleicht ist es ja auch genau andersherum. Das, wonach ich mich sehne, sehnt sich nach mir. Kann sein, dass es mich ruft. Und ich höre es, nicht immerzu, aber in manchen Momenten. Das kann in so einer Nacht sein, in der alles still ist und ich wach liege, weil ich die Birken rieche. Das kann mitten in einem Konzert sein, obwohl es laut ist und die Scheinwerfer flackern. Das kann in einem Café sein, wenn für einen Moment alles in Zeitlupe

geschieht. Das kann überall sein, es überfällt mich einfach. Kann sein, dass das Gott ist, der sich nach mir sehnt.

Dieser Gedanke berührt mich. Es gibt keinen Ort, an
dem wir uns treffen können. Die Sehnsucht ist der Ort
und diese Sehnsucht ist wild und flüchtig. Ich kann sie
nicht festhalten, ich kann sie nicht zähmen.

Ich will diesen Gott. Der Geschichten von Menschen
hat, die vor ihm fliehen, weil er unberechenbar ist und
weil er einen überwältigen kann. Mit Liebe, mit Sehnsucht, mit Erfüllung. Ich habe nichts in der Hand außer
diesem Gefühl, und davon viel.

Ich fand das schon immer spannender als die lahmen,
ewig gleichen Geschichten, in denen es darum geht, Gottes Erwartungen zu erfüllen. Denn die gibt es auch. Dau-
ernd scheint er enttäuscht zu sein. Dass der Mensch nicht
so will wie er. Dass er nicht gut, nicht fromm, nicht ein-
sichtig genug ist. In diesen Geschichten ist viel die Rede
von dem, was Gott will. Vorhersehbare Geschichten, in
denen irgendeine Moral vorkommt.

Ich weiß nicht, was Gott will. Ich weiß nicht mal, ob er
überhaupt etwas will. Ich glaube, ich kann es auch nicht
wissen, keiner kann das. Weil Gott kein Mensch ist und
Moral eine menschliche Kategorie, die Menschen brauchen, um zusammenzuleben. Aber ich glaube, Gott ist
das egal. Nein, mehr noch: Gott denkt nicht. Gott urteilt
nicht. Gott ist. Sehnsucht.

Ich weiß. Das bleibt so wahnsinnig in der Schwebe.
Wie kann ich etwas so Unbestimmtes Gott nennen? Andererseits hat das Schweben immer zu Gott gehört. Wozu
sonst so viele Engel, so viele Flügel?

Sich in diese Schwebe zu begeben, das können nur die Mutigen. Ich bin mutig.

mag ich: Fähren. »Von guten Mächten« singen. Unerklärbare Momente von Glück. Sternschnuppen gucken. An das Gute im Menschen glauben. Frühling. Nicht fertig sein.

9 Wie es ist, einen Eisbären zu streicheln

Insgeheim möchtest du gern mal einen Eisbären streicheln. Weil er so flauschig aussieht. Du würdest am liebsten dein Gesicht in seinem Fell vergraben und seinen Bauch kraulen.

Wahrscheinlich wäre es ernüchternd. Nicht nur, weil der Eisbär etwas heftiger zurückstreicheln würde, sondern weil sein Fell überhaupt nicht so weich ist, wie es aussieht. Es soll eher rau und borstig sein. Weil es nicht zum Kuscheln gemacht ist, sondern um das Licht und damit die Wärme zu leiten. Und Wärme kann man nicht sehen. Man kann sie nur fühlen.

Es gab mal eine Zeit, da hast du alles angefasst. Da warst du klein und wusstest von nichts. Nicht, was eine Herdplatte ist, und auch nicht, dass man das grüne Ding in der Ecke Zimmerpalme nennt. Und dass Mama es nicht so gern hat, wenn du die Blumenerde in den Flokatiteppich reibst. Obwohl es sich gut anfühlt. Du wusstest nicht, ob ein Igel piekst oder kitzelt und dass man den Müll nicht anfassen, geschweige denn damit spielen soll. Wieso auch nicht? Ekel war dir fremd.

Du wusstest nur eins: Man muss die Dinge anfassen, um sie zu begreifen. Und das tatest du. Manchmal ging das schief (siehe Herdplatte). Aber alles in allem hast du nach und nach die Welt erfasst. (Meistens probiertest du anschließend, wie die Sachen schmeckten. Auch eine Sache, die Mama nicht mochte.) Du hattest einen sinnlichen Zugang zu den Dingen.

Irgendwann hat sich das geändert. Da hattest du oft genug gehört: Das fasst man nicht an. Weil es Kunst ist, Krankheiten überträgt oder kindisch ist.

Ist es das?

Du könntest es mal wieder versuchen. Nicht mit dem Eisbären. Der ist ja ohnehin selten greifbar. Fang mit etwas Leichterem an: Lass Sand durch deine Finger rieseln. Streich vorsichtig über eine Pusteblume. Nimm ein paar runde Kieselsteine in die Hand. Fass die rostige Oberfläche eines Geländers an. Berühr kühles Glas. Probier aus, wie sich eine Ohrenqualle anfühlt oder ein Fisch. Streichle ein Pferd oder eine Kuh, und wenn du bereits fortgeschritten bist, dann lass sie mit ihrer Zunge über deine Hand schlecken. Fühl den Unterschied zwischen einem Buchen- und einem Eichenstamm. Zieh deine Schuhe aus, geh über eine Wiese oder über Waschbeton. Lass den Matsch durch deine Zehen quatschen. Mit deinen weißen Socken geht das nicht? Dann zieh auch die aus. Stell dich barfuß in den Schnee. Das Leben wird es dich schon nicht kosten. So ein bisschen Kälte kann ihm nichts anhaben.

Das findest du albern? Der Tastsinn ist das wichtigste Wahrnehmungssystem des Menschen, um Informationen über die Umwelt erhalten zu können. Er ist sogar nachts eingeschaltet, anders als der Sehsinn. Unsere Sprache zeigt, wie wichtig er ist: Wir haben etwas (oder nichts) in der Hand. Etwas läuft glatt. Eine Verhandlung kann hart sein. Ein Mensch mit rauer Schale und weichem Kern. Jemand hat handfeste Argumente. Oder eine gute Auffassungsgabe. Der Tastsinn denkt mit.

Berühr etwas und lass dich berühren. Das ist Händchenhalten mit dem Leben. Und die wichtigsten Dinge kann man ohnehin nur fühlen: Liebe. Glück. Gott.

mag ich: Handschlag. Barfuß gehen. Gänsehaut. Einfühlsame Menschen. Filme, die unter die Haut gehen. Wollpullover (selbst, wenn sie kratzen). Schafsfelle. Granatapfelöl.

Gott ist ein Pilzrahmliebhaber. In der Tiefe meiner Seele bin ich davon überzeugt. Der Teufel ist der mit dem Apfel.

Wenn ich essen gehe, werfe ich eine halbe Sekunde lang einen Blick auf die Karte und denke: Au ja! Tagliatelle in Pilzrahm. Dann schaltet sich mein Kopf dazu. Das sind bestimmt 700 Kalorien, raunt er. Nudeln kannst du auch zuhause kochen. Und Hildegard von Bingen rät von Pilzen grundsätzlich ab. Nimm den Salat. Oder, wenn's sein muss, den Gemüsestrudel.

Pilzrahm ist Intuition. Salat ist Vernunft. Meistens schmeckt die Intuition besser. Nur leider trauen wir ihr nicht so recht. Sie ist unberechenbar. Sie ist nicht planbar. Sie hat Lust auf Dinge, die uns Angst machen. Wer 170 Kilos auf den Hüften hat und ein paar davon loswerden möchte, sollte der Vernunft öfter den Vortritt lassen. Oder?

Was, wenn es sich genau anders herum verhält? Wenn die Versuchung gerade nicht mit der Stimme der Intuition spricht, sondern mit der Stimme der Vernunft? Eva lässt sich durch Argumente verführen. Sie verspürt nicht auf einmal unbändige Lust auf Äpfel. Im Gegenteil: Die Schlange appelliert an ihren Verstand. Sie kleidet sich in das seriöse Gewand der Vernunft und pflanzt ihr ein Bedürfnis ein, das zuvor gar nicht da war. Das klingt gewagt. Denn die Vernunft ist grundsätzlich ja eine feine Sache. Zum Beispiel warnt sie davor, einen Löwen zu streicheln. Obwohl sein Fell so flauschig aussieht.

Oft aber füttert sie uns mit derart vielen Informationen, dass unser natürliches Wissen verschüttet wird. Wir kennen Kalorien, Fett und Vitamine einer vermeintlich gesunden Mahlzeit und auch deren idealen Zeitpunkt, anstatt zu essen, wenn wir Hunger haben. Wir folgen Entscheidungskriterien, Coachingmethoden, Internetempfehlungen, anstatt unser Bauchgefühl mindestens ebenso ernst zu nehmen.

Es gibt Versuche. Wissenschaftlich und seriös. Sie können das Wesen der Intuition zwar auch nicht erklären, aber sie zeigen, dass Menschen mit intuitiven Entscheidungen langfristig glücklicher sind als mit sorgfältig abgewogenen Pro- & Contralisten. Jedenfalls dann, wenn sie sich so einigermaßen auf dem Feld ihrer Entscheidung auskennen. (Einen Computer intuitiv nach der schönsten Farbe auszuwählen, könnte voreilig sein.)

Intuition bedeutet nicht: Mach, was du willst. Intuition ist zu wissen, was guttut. Die Intuition ist eine zarte Flamme. Gier kann sie ersticken, Trägheit oder Zorn, also all die Laster, die die alte Kirche Todsünden nannte. Nicht, weil sie mit dem Tod bestraft werden, sondern weil sie genau den Sinn töten, der dafür zuständig ist, Gottes Stimme zu hören.

Was würde passieren, wenn wir die Flamme lodern ließen? Würden wir uns tatsächlich nur noch von Pilzrahmnudeln ernähren, windigen Seemännern hinterherlaufen und Eisbären streicheln?

mag ich: Gewitterstimmung. Romanische Kirchen. Verliebt sein. Moosüberwachsene Steine. Elfen, die dahinter wohnen. Das gesträubte Fell einer Katze. Klarträume in der Nacht. Dinge, die in der Luft liegen.

11 Wie es ist, ein Leben zu wählen

Ich habe keine Kinder. Das ist kein Missgeschick, keine Gedankenlosigkeit, keine Laune der Natur, keine Bequemlichkeit, und es hat auch nichts damit zu tun, dass ich Kinder nicht mag.

Ich habe keine Kinder, weil ich nie die Sehnsucht danach spürte. Und ich rede jetzt nicht von diesen Momenten, wenn ich eine bildhübsche Familie im Herbstlaub tollen sah und dachte: Oh wie schön! Das will ich auch. Denn so ein Gefühl blitzt bei vielen Dingen auf. Ich werde wehmütig, wenn ich einen Schäfer mit seiner Herde sehe oder einen Fischer auf seinem Kutter. Trotzdem habe ich nie ernsthaft erwogen, zur See zu fahren. Es gibt so viele Dinge auf der Welt, die ich schön finde. Die mich locken. Wenn ich jedem dieser Dinge nachgehen würde, müsste ich alle zwei Wochen mein Leben ändern – oder wenigstens mein Wohnzimmer neu streichen. Das Leben bietet tausend Wege. Die Frage ist: Welcher ist meiner?

Mit 16 träumte meine beste Freundin davon, Mutter zu werden. Wir saßen bei Vanilletee und Räucherkerzen und malten uns unsere Zukunft aus. Ich träumte davon zu schreiben. Ich träumte davon, an einem hellen, ruhigen Ort zu leben. Ich träumte von Gott und Wiesen, ich träumte von Liebe und Bücherregalen.

Ich wurde älter, und mein Traum blieb. Er nahm Formen an: Ich träumte von einem Leben zwischen Denken und Glauben, zwischen Stockrosen und Containerschiffen, zwischen Stille und Begeisterung. Ich träumte von einem Schreibtisch am Fenster und einem Küchentisch voller Freunden. Ich träumte von einem Liebsten im Bett und Weihrauchtagen im Kloster. Der Gedanke an eine Familie blieb blass.

Meine Freundin hat zwei Kinder bekommen. Sie ist glücklich. Ich bin es auch. Ich glaube, das ist Berufung. Ich mag das Wort. Ich mag die Vorstellung, dass es etwas gibt, das mich sucht. Das beharrlich zwischen den vielen Stimmen meinen Namen ruft.

»Komm zu mir«, ruft es, »ich bin dein Leben. Ich mag sonderbar, schief und gefährlich aussehen, aber vertrau mir: Ich mache dich glücklich. Ein Heile-Welt-Versprechen ist das nicht. Du wirst zweifeln, du wirst erschöpft sein und manchmal wirst du mit mir hadern. Du wirst dich fragen, ob es richtig war, mir zu folgen. Es wird Nächte geben, in denen du wach liegen wirst. Du wirst kämpfen und manchmal wirst du auf die anderen neidisch sein, die es soviel leichter zu haben scheinen. Nicht alles wird gelingen. Aber du wirst glücklich sein. Weil ich deine Sehnsucht stille. Weil ich dir Sinn gebe. Weil wir zusammen gehören.«

Ich lebe und lausche jeden Tag.

Was ich mag: Feldwege. Heidschnucken. Die Stille eines Klosters. Innige Momente. Pflaumenkuchen backen. Leute einladen. Der wellige Sandboden bei Ebbe. Die Stille nach dem Zweifel. Kinder, die gerade laufen lernen. Bleistifte auf weißem Papier.

»Ich habe ein Angebot für Sie, das sollten Sie nicht ausschlagen. Es ist ganz unverbindlich. Ich nehme Ihre Schuld. Ich will nichts dafür. Aber ich sehe doch, wie es Sie belastet, wie diese ganze Schuld auf Ihren Schultern liegt, ganz egal, ob Sie etwas dafür können oder nicht.

Irgendwas ist ja immer. Sie haben Schuld, dass die Familie auseinandergebrochen ist, dass Opa sich im Sarg umdreht, dass Werner nicht glücklicher ist, dass Sie ein Mädchen (oder ein Junge) sind. Sie haben Hildes Träume zerstört, nicht den richtigen Beruf gewählt, keine Kinder oder zu viele Kinder bekommen. Sie haben Schuld, dass der Max mit einer Behinderung auf die Welt kam, weil Sie zu lange gewartet haben, dass Omas Häuschen verkauft werden musste und dass die Geranien Blattläuse haben. Sie sind daran Schuld, dass der Hund oder das Kind schlecht erzogen ist und Heuschnupfen hat. Möglicherweise tragen Sie auch für die Wutausbrüche Ihres Mannes die Schuld oder an den Depressionen Ihrer Frau (auch umgekehrt ist es möglich).

Vielleicht ist es auch Ihre Schuld, überhaupt auf der Welt zu sein. Sie haben Schuld, dass der Wasserhahn tropft, dass der Kerl auf der Straße hinter Ihnen herpfeift und dass das Auto aufgebrochen wurde. (Warum haben Sie sich auch für ein rotes/schwarzes/silbernes Modell entschieden?) Sie haben Schuld an der Magersucht Ihrer Tochter, an der Wiederkehr der Rechten, am Klimawandel, an den Mücken im Garten oder an der Verrohung der Gesellschaft.

Sie haben die Erwartungen Ihres Vaters, Großvaters, Englischlehrers, Pastors, Ihrer Frau, Geliebten, Mutter, Ihres eigenen Ichs nicht erfüllt.

Ich kann noch eine ganze Weile so weitermachen, aber ich nehme an, es ist schon was dabei, oder?

Und sehen Sie, Sie können es drehen und wenden, Sie können sich anstrengen, wie Sie wollen, Sie kommen da sowieso nicht raus. Keine Buße der Welt wird Sie retten. Es nützt auch nichts, sich zu geißeln. Auch der Versuch, es noch mehr zu versuchen, führt zu nichts.

Ich sage das so offen, wenn sie verzeihen, denn ich habe Erfahrung damit. Seit vielen hundert Jahren, um genau zu sein, obwohl das eigentlich nichts zur Sache tut. Ich erwähne es nur, damit Sie sehen: Sie sind nicht die Einzige. Das denkt man ja schnell mal und dann fühlt man sich auch dafür noch schuldig, dass alle ihr Leben glücklich leben außer man selbst.

Also, Sie können Ihre ganze Schuld bei mir abgeben. Wenn Sie wollen, verwahre ich Sie auch, falls Sie sie doch zurück möchten. Tatsächlich fühlt sich Mancher auf einmal ganz leer ohne seine Schuld. Da trägt man jahrelang so einen Sack mit sich herum, und plötzlich fühlt man sich ganz leicht und hat nichts mehr, das einen stabilisiert.

Wie gesagt, ich kann sie für Sie aufbewahren, das mache ich gern. Oder ich entsorge sie. Das ist das, was ich empfehlen würde. Man hebt ja so vieles auf, von dem man denkt, man könne es noch brauchen, und am Ende nimmt man es mit ins Grab. Und das muss doch nicht sein.

Hand aufs Herz: Erleichtern Sie sich. Ich habe Kapazitäten genug und bin Ihnen ganz bestimmt nicht böse. Mir macht das nichts. Ist ja nicht meine Schuld. Dafür bin ich schließlich da.

Ihr

J. Esus

mag ich nicht: sich immer zusammenreißen. Die Sintflut. Wut an anderen auslassen. Filme, in denen viel geschrien wird. Stumme, vorwurfsvolle Blicke. Den Satz »Ich kann nicht anders«. Roboter, die wie Menschen aussehen. Menschen, die wie Roboter aussehen. Übervolle Rucksäcke.

13 Wie es ist, sich ergreifen zu lassen

Du willst ergriffen werden,
so richtig mit Haut und Haar;
du willst das erleben,
dieses Gefühl, wie es ist,
außer dir zu sein,
zu schweben,
du willst es groß und fett
und ganz und gar.

Und dann stehst du da
und schließt Versicherungen ab,
willst wissen,
wie die anderen
das bewertet haben
und ob Laktose drin ist;
hast Zeit, aber nur
zwischen drei und halb vier
und anstrengen soll es bitte auch nicht,
jedenfalls nicht zu sehr.

Du willst ergriffen werden,
willst etwas Besonderes fühlen, etwas,
das größer ist
als eine Folge Game of Thrones,
aber bitte nicht so gefährlich,
willst kopflos sein, ohne
den Kopf zu verlieren,
willst dich hingeben,

aber würdest dich nicht mal
ins Gras legen,
wegen der Zecken und weil man nicht weiß,
ob da vielleicht gerade ein Hund hingemacht hat.

Du willst ergriffen werden,
aber ergreifen willst du nichts,
wegen der Keime
und weil das auf Facebook
besser aussieht
oder auf Instagram,
da hast du den Drama-Filter
gleich inklusive.

Du willst alles und riskierst nichts.
Du willst übers Wasser gehen
und hast verlernt, in Pfützen zu springen.
Du willst dich versenken,
aber dein Haar soll bitte nicht nass werden.

… ach, komm her!
Wir fangen nochmal von vorne an!

*mag ich: Weihnachten »O du Fröhliche« singen. Norwegen.
Gummistiefel. Liebesfilme. Selber verliebt sein. Sich ausset-
zen. In einem See schwimmen. Unterwegs sein in einer fremden Stadt. Jakobs Kampf am Jabbok. Flashmobs.*

Was erfüllt dich?

Grünkohl mit Bratkartoffeln

ein unerwarteter Moment

geh an einen unbekannten Ort

lies weiter auf Seite 100

fang schon mal an, die Kartoffeln zu schälen

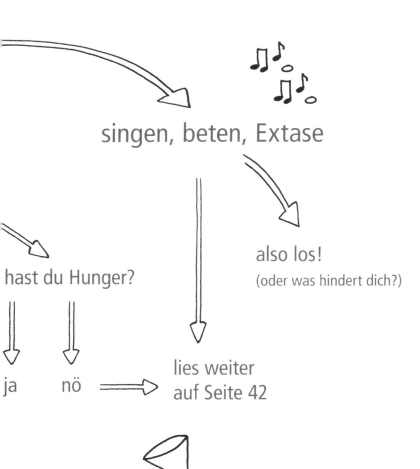

singen, beten, Extase

hast du Hunger?

also los!
(oder was hindert dich?)

ja   nö

lies weiter
auf Seite 42

Sich zeigen

Stefan Siegelkow geht Angeln
und fängt etwas an

Am einem Morgen im September hat Stefan Siegelkow einen Traum.

Das ist ungewöhnlich. Stefan Siegelkow ist eigentlich kein Träumer. Er ist sechsundvierzig Jahre alt, fährt einen alten Volvo und mag Sonnenaufgänge. Das ist das einzige Romantische an ihm. Deshalb geht er manchmal angeln. Zum Geburtstag hat er einen Crosstrainer bekommen. Von Mieke. Mieke ist Stefans Frau. Anfangs hat er ihn regelmäßig, schnell aber nur noch sporadisch benutzt. Einmal im Monat spielt er Karten. Doppelkopf.

Stefan Siegelkow hat sich noch nie etwas zu Schulden kommen lassen, geht alle vier Jahre wählen und denkt in letzter Zeit öfter über das Leben im Allgemeinen nach.

Was ein weites Feld ist.

Er glaubt nicht direkt an Gott, hält aber andererseits seine Existenz nicht für ausgeschlossen.

»Wir könnten uns ja mal treffen«, murmelt er auf einer seiner morgendlichen Angeltouren, was einen Frosch neben seinem linken Schuh kurz aufblicken lässt. Dann merkt er, dass er nicht gemeint ist.

Gott sagt nichts. Was Stefan Siegelkow nicht weiter wundert. Dafür hat er einen Hecht an der Leine, das ist auch gut. Er nimmt ihn aus, packt seine Sachen zusammen, der Frosch nimmt Reißaus und Stefan kauft auf dem Heimweg eine Tüte Brötchen. Nach dem Frühstück arbeitet er 9,5 Stunden, schaut nach dem Abendessen eine Talkshow, die ihn nervt, dennoch kann er sich nicht durchringen, abzuschalten. Zum Lesen ist er zu müde und was soll man sonst tun?

Er putzt die Zähne und begutachtet im Spiegel seinen Bauch. Ist okay, denkt er. Mieke liegt schon im Bett. Er knipst das Licht aus.

Am Morgen, kurz bevor der Wecker piepst, hat er einen Traum:

Er sitzt am See. Die Angel hängt im Wasser.

Er sagt: »Wir könnten uns ja mal treffen.«

Und diesmal antwortet Gott.

»Gut«, sagt er.

»Ach«, sagt Stefan. Und weil ihm nichts Besseres einfällt, fragt er, wie er ihn denn erkennen würde. Man weiß ja nichts Genaues, außer das Gerücht, er trüge Bart.

»Ich werde dich ansehen«, sagt Gott. »Daran wirst du mich erkennen.«

Ein Vogel piepst.

Es ist der Wecker.

Seit diesem Morgen geht Stefan Siegelkow durch die Straßen und sucht jedes Menschen Blick.

14 Wie es ist, mit Plan B zu leben

Hoch lebe Plan B! Er führte viel zu lange ein Schatten-
dasein. Plan B, das sind Patchworkfamilien. Camping in
den Alpen statt Trekking in Mexiko. Balkon statt Garten,
Ole statt Martin, Gummistiefel statt Flip-Flops. Schuld-
nerberater statt Wirtschaftsanwalt. Kaiserschmarrn
statt Pfannkuchen.

Plan B ist die Antwort des Lebens, wenn das Leben
nicht so spielt, wie ich es geplant hatte. Schokoladeneis
ist aus, nehmen Sie Maracuja. Muss nicht schlechter sein,
ist nur anders.

Mir waren schon immer diese Coaches suspekt, die
fragten, was ich in zehn Jahren tun will. Woher soll ich
wissen, was das Leben so vorhat?

Ich schmiede gern Pläne. Das liegt daran, dass ich viele
Ideen habe. Es gibt einfach eine Menge interessanter
Sachen auf der Welt. Aber dann beginnt es plötzlich zu
regnen oder die Kündigung liegt auf dem Tisch und ich
kann mich darüber grämen oder etwas anderes machen.
Meistens mache ich was anderes. Manche sagen: »Du
musst mal was durchhalten. Wer A sagt, muss auch B sagen.« Erstens frage ich: Warum eigentlich? Und zweitens
glaube ich, dass man lernen kann zu erkennen, wann eine
Abzweigung die bessere Wahl ist.

Das Leben ist auf Lücke gebaut. Damit muss man klar
kommen, und es ist sicher nicht die einfachste Übung.
Wenn etwas nicht so klappt, wie man es sich gewünscht
hat, kommt die Enttäuschung um die Ecke, und sie ist
ziemlich hartnäckig. Am besten man streichelt ihr ein

paar Mal über den Kopf und sagt: Komm, ich zeig dir was Schönes. Und dann muss man eben gucken, wo was Schönes ist.

Die halbe Bibel ist ein Plan B. Ich weiß, der Satz ist gewagt. Aber nehmen wir das Paradies. Das hatte Gott sich wahrscheinlich auch ganz anders vorgestellt. Alles war just fertig und roch noch nach Farbe, dann kamen die Menschen, plünderten den Apfelbaum, und vorbei war's mit dem schönen Plan. Doch was dann folgte, war gar nicht so schlecht. Auch vor der Tür lässt sich's ganz gut leben. Oder die Sintflut. Die ganze Menschheit wollte Gott vernichten. Im größten Zorn versteigt man sich schon mal ein bisschen und verliert jedes Maß. Wir können nachlesen, wie selbst Gott seine Meinung änderte und versprach: Das mache ich nicht wieder. Hier habt ihr einen Regenbogen, der ist das Siegel. Und schließlich Jesus: Dessen Laufbahn auf Erden war schnell beendet. Mag sein, dass er's geahnt hat, weil man als Aufwiegler immer gefährlich lebt. Aber geplant hatte er sein Ende am Kreuz doch bestimmt nicht. Wer will schon so sterben?

Manche sagen: doch. Gott habe das alles genau so gewollt und vorherbestimmt. Glaube ich nicht. Ich glaube, all diese Geschichten zeigen, dass Gott ein Meister des Plan B ist. Er kann aus dem größten Mist Gutes machen. Hoffnung siegt über Resignation. Mit Plan B kommt man durchs Leben. Weil es immer weiter geht. Weil es Verwandlung gibt.

Manche nennen das Auferstehung.

mag ich: Impro-Theater. Kochen ohne Rezept. Alternativen. Keine Ahnung haben und es zugeben. Vertrauen. Frustrationstoleranz. Eine Tube Klebstoff im Haus haben. Kaiserschmarrn. Dass aus Raupen Schmetterlinge werden.

15 Wie es ist, sich leicht zu nehmen

An dem Morgen, als Gott beschließt, meditieren zu lernen, scheint die Sonne und die Kirschbäume werfen mit Konfetti um sich. Ah, denkt Gott, was für ein Tag! Frohen Mutes betritt er den Raum. Er sieht zwölf Menschen, die auf Holzschemeln knien. In der Mitte sorgt eine Orchidee für Stimmung.

»Guten Tag«, sagt Gott, »ich bin ...«

»Pssst«, macht ein wissend dreinblickender Herr, »wir schweigen.« Er deutet auf ein freies Bänkchen.

Gott setzt sich.

Es ist unbequem. Das Holz ist hart, der Boden auch. Ein Bein schläft ein. Der Rücken zwickt. Aber niemand beklagt sich. Offenbar sind alle sehr geschult darin zu leiden. Gott wundert sich. Soweit er das beurteilen kann, gibt es keinen Grund dafür. Draußen findet ein Frühlingstag allererster Güte statt. Niemand muss Hunger leiden, jedenfalls nicht in unmittelbarer Nähe. Und mit jenen in der Ferne solidarisch zu sein, indem man auf einen vernünftigen Stuhl verzichtet, bringt auch keinen weiter.

Die Minuten verstreichen. Gott wird unruhig. Er ist es gewohnt, sich zu bewegen. Hier bewegt sich nichts, nicht mal die Gedanken, denn die soll man ziehen lassen. Gott sieht ihnen eine Weile nach. Es ist interessant, was da durch den Raum schwebt.

Ansonsten geschieht nichts. Eine Fliege überquert die Köpfe, aber offenbar findet sie nichts, das sie zum Bleiben lockt. Gott sieht sich die Leute genauer an. Ihre Augen sind geschlossen. Ihr Gesichtsausdruck ist ernst. Sehr ernst. Meditieren scheint keine Freude zu sein.

»Wir wollen Gott in uns aufnehmen«, sagt der Mann. Gott findet das sehr nett, allerdings ist er nicht sicher, wie willkommen er ist. Warum lächelt niemand? Tut man das nicht, wenn man jemanden begrüßt?

»Kommt«, hätte er gern gesagt. »Draußen ist ein herrlicher Tag! Wir können uns zusammen auf die Wiese legen oder Fußball spielen.« Aber er traut sich nicht.

»Gott erlöst uns«, sagt der Mann. Nur wie?, fragt sich Gott. Wie soll ich an sie herankommen, wenn keiner guckt und sich rührt und die Wollpullover bis zum Kinn reichen?

»Jetzt lacht doch mal«, würde er gern sagen. »Über euch selbst und meinetwegen auch über mich. Wie wir hier sitzen auf den harten Bänken und vom Himmel träumen. Das ist doch lustig! Lacht doch mal über eure Verbissenheit, nicht denken zu wollen und dann doch wieder die Einkaufsliste im Kopf zu haben, Brathühnchen und Scheuerpulver. Lacht über die tauben Knie und die schmerzenden Glieder, die sich nach weichem Teppich sehnen. Lacht über eure Anstrengung, euch nicht anzustrengen. Über euer Festhalten an dem Gedanken, loslassen zu wollen. Über die Schwierigkeit, leicht zu sein. Lacht über den Wunsch, nichts zu wollen.

Wir könnten zusammen lachen, ein augenzwinkerndes Erkennen, und dann machen wir weiter, hier oder auf der Wiese oder was immer euch beglückt!«

mag ich: Selbstironie. Sonderbare Sachen ausprobieren. Osterlachen. Stan & Olli. Die Leichtigkeit des Seins. Kinder, die über ihre eigenen Füße stolpern. Auf einem dicken Teppich liegen. Karneval in der Kirche.

Reden wir mal über Stärke. Ich habe von einem Mann gelesen, der sagte: Das macht mich stärker. Er meinte seinen Glauben und ließ dabei seine Muskeln spielen. Jedenfalls verbal. Er war Christ. Blöd nur, dass dieser Glaube gar nicht von Stärke redet. Sondern von Schwäche. Weil Jesus eben ein Schwächling war, jedenfalls nach herkömmlichen Maßstäben: Hat sich nicht gewehrt. Wollte keine Steine werfen. Hat Petrus, dem alten Hitzkopf, sogar das Schwert weggenommen.

Ich bin mittelstark. Ich kann eine Kiste Wasser in den dritten Stock tragen. Im Alltag ist das praktisch. Ich habe Liebeskummer überlebt und eine Kündigung. Eine Freundin hat drei Kinder geboren. Und ein Freund hat mal einem rüpelhaften Busfahrer gesagt, was er von dessen Benehmen hält. Aber ist das Stärke?

Ich würde sagen, es ist das Ertragen von Schwäche. Das ist etwas ganz anderes. Wenn Menschen nach einem starken Mann (und manchmal auch nach einer starken Frau) rufen, damit mal jemand so richtig auf den Tisch haut, dann tun sie das doch meistens, weil sie ihre Ohnmacht nicht aushalten. Nur: Seit wann hilft Stärke, wenn man sich nicht mehr auskennt in der Welt? Wer sich mal verlaufen hat, weiß, dass Orientierungssinn und ein kühler Kopf mehr bringen, als auf den Wald einzuschlagen.

Jesus hat auf nichts eingeschlagen, nur einmal, so ist es jedenfalls überliefert. Mag sein, dass der Zorn da mit ihm durchgegangen ist. Normalerweise hat er argumentiert. Klug und bedacht. Sein Schwert war das Wort. Das beeindruckt nicht alle. Ein redender Gott macht leider nicht so viel her wie ein kämpfender. Zeus mit seinen Feuerblitzen wirkt irgendwie heldenhafter.

Mich langweilt Stärke. Jedenfalls jene, die auf Muskelspiel und markige Männlichkeit setzt. Sie hat nicht viele Posen. Ich habe immer das Gefühl, ich bin ihr etwas schuldig. Mindestens Bewunderung. Wahrscheinlich lässt der starke Gott mich deshalb kalt, weil ich ahne, dass er im entscheidenden Moment stumm bleibt. Wenn er so stark ist – warum entreißt er missbrauchte Kinder ihren Peinigern nicht? Warum gebietet er den Wellen nicht Einhalt, dass kein Flüchtling ertrinke?

Eine befriedigende Antwort habe ich noch nicht erhalten. Jedenfalls nicht von denen, die auf Gottes Stärke beharren. Dabei singe ich manchmal gern das Lied von Macht und Herrlichkeit. »Großer Gott, wir loben dich. Herr, wir preisen deine Stärke.« Aber das ist wie ein starker Espresso: Zuviel davon verursacht Magendrücken.

Mir imponiert anderes. Mir imponieren jene, die sich von ihrer Schwäche nicht haben einschüchtern lassen. Gandhi. Martin Luther King. Sophie Scholl. Die Demonstrierenden in der DDR. Und Jesus eben. Sie haben sich mit ihrer Existenz eingesetzt und nicht mit ihren Muskeln. Vielleicht trifft das auch auf Gott zu.

mag ich nicht: Machos. Actionhelden. Diktatoren. »Indianerherz kennt keinen Schmerz«. Allmacht. Boxkämpfe. Angeberei. Apfelkorn. Muskelshirts. Schlechte Verlierer.

17 Wie es ist, jemanden zu enttäuschen

Das Leben ist eine Enttäuschung.

Aber das ist nicht schlimm.

Jedenfalls nicht zwangsläufig.

Schon der Anfang ist enttäuschend. Jedenfalls stelle ich mir das so vor: Laut! Grell! Und viel zu kalt. Vorbei war es mit All inclusive in Mamas Bauch. Auf einmal sollte man lernen, bitte und danke zu sagen und Tante Klara anzulächeln. Vielleicht entdeckt man irgendwann, dass Tante Klara ein Drachen ist. Einen Drachen will man nicht anlächeln. Und schon ist Tante Klara enttäuscht und findet: Das Kind ist schlecht erzogen. So etwas passiert von Geburt an ständig. Papa hatte sich einen Fußballer gewünscht. Und dann will der Junge lieber Briefmarken sammeln. Mama will eine beste Freundin, aber die Tochter will nur Tochter sein. In der Kita soll man Matsch mögen, obwohl Klein-Ida sich davor ekelt. Der Mathelehrer ist enttäuscht, weil man lieber über die Lieblingsserie diskutiert als über Sinuskurven. Und später im Leben ist Adrian enttäuscht, dass man ihn nicht heiraten will. Trotz eines gemeinsamen Kopenhagen-Wochenendes.

Man könnte einmal nachrechnen, wie viele Menschen man bereits enttäuscht hat. Und damit meine ich nicht die Fälle, in denen man ein Versprechen nicht gehalten oder sich schäbig benommen hat. Ich meine die Enttäuschungen, die entstehen, wenn Menschen etwas anderes erwartet haben.

Es gibt ganz schön viele Erwartungen auf der Welt: Überstunden zu machen. Anzustoßen mit einem Glas Sekt. Höflich zu lächeln. Solidarisch zu sein, weil man Freundin, Verwandte oder Mitglied der Kirchengemeinde oder des Kleingartenvereins ist. Dankbar zu sein. Den Hof zu übernehmen oder das Geschäft. Hip zu sein. Gute Miene zu machen zum bösen Spiel.

Aber niemand ist auf der Welt, um Erwartungen zu erfüllen. Im Namen der Wahrhaftigkeit muss man manchmal einfach sagen: Tut mir leid. Ich kann nicht. Ich will nicht. Es geht nicht. Und im Namen der Wahrhaftigkeit muss man manchmal akzeptieren, wenn ein anderer das sagt. Das ist kein Drama. Es ist meistens nicht mal persönlich gemeint. Adrian ist unter Umständen sogar sehr nett. Aber nett reicht eben manchmal nicht. Nicht nett ist, sich zu Dingen zu zwingen, die einem selbst oder anderen nicht guttun.

Du sollst dir kein Bild machen. Weder von dem, was auf der Erde, noch von dem, was im Himmel ist. Nichts und niemand soll in Stein gemeißelt sein.

Jemanden zu enttäuschen heißt ja vor allem: Ihm sein Bild zu nehmen. Manchmal sind wir anders als erwartet. Dann war das Bild falsch. Nicht wir.

mag ich nicht: Noch ein Stück Torte nehmen, obwohl ich satt bin. Krank zur Arbeit gehen. Trinkspiele. Oktoberfeste. Anderen die Schuld an der eigenen Enttäuschung geben. Stumme Anklagen. Geschenke gegeneinander aufrechnen. Bußlieder.

18 Wie es ist, mitzumachen

Herr Hätte ist ein Blödmann. Weil er morgens aus dem Haus geht und alles besser weiß. Dabei spielt er selber gar nicht mit. Niemals. Nie. Er ist der Kommentator des Lebens. Er ist der Leserbriefschreiber, der immer ein Haar in der Buchstabensuppe findet. Aber niemals selbst gekocht hat. Er ist der Bedenkenträger aller Ideen. Er ist der Experte ohne Praxis. Er stolziert mit dickem Bauch durch die Welt, dabei begutachtet er geringschätzig, was andere tun. Es taugt nicht. Es ist nie recht. Egal, ob du einen Kuchen backst (da hättest du aber besser Butter genommen), im Regen stehst (da hättest du besser einen Schirm eingepackt) oder aus dem Kino kommst (den Film hätte er auch gern gesehen, wenn die Kritiken besser gewesen wären). Ihm fällt immer etwas ein. Dabei bleibt er vollkommen unangreifbar. Niemand weiß, wie er sein Leben lebt. Niemand weiß, was er tut. Vielleicht sitzt er nachts in seinem Zimmer und isst heimlich die Sahnetorte, die er tagsüber anderen madig macht (Sodbrennen! Das hättest du lieber gelassen!).

Vielleicht ist es aber auch ganz anders, und er weint über all die verpassten Gelegenheiten. Denn eigentlich, in der Tiefe seiner Seele, ist er ein Angsthase. Er würde gern. Aber er traut sich nicht. Frau Würde ist die Gespielin von Herrn Hätte. Sie ähneln sich sehr, verstehen sich aber trotzdem nicht besonders gut. Meistens kämpfen sie gegeneinander: Frau Würde sagt »Hättest du doch«, Herr Hätte sagt »Würdest du doch«. So kann das einen ganzen Abend gehen und den lieben langen Tag.

Herr Hätte kann sich nie entscheiden. Wenn jemand fragt: Welches Brötchen möchtest du, dann zuckt er mit den Schultern und sagt: »Das Mohnbrötchen hätte ich gern gehabt, aber das gibt es ja nicht mehr.« Wenn jemand fragt: »Was denkst du?«, dann antwortet er: »Das hätte mich mal jemand eher fragen sollen.« Wenn man ihn einlädt, sagt er: »Hättest du mich gestern angerufen, hätte ich Zeit gehabt.«

Das alles sagt er mit einem so vorwurfsvollen Unterton, dass du dich schlecht fühlst. Weil du etwas falsch gemacht hast, auch wenn dir nicht klar ist, was.

Herr Hätte stellt dir ein Bein und dann fällst du auf die Nase und er kommentiert ungerührt: »Hättest du mal aufgepasst.«

Herr Hätte lebt in der Vergangenheit. Da hat er sich gut eingerichtet. Da kann nichts Unvorhergesehenes geschehen. Wenn du versuchst, ihn da rauszuholen, bist zu verloren. Er zieht dich immer tiefer in seine Welt hinein, die hätte sein können, aber nicht ist.

Wenn er dich in seinen Fängen hat, dann gibt es nur eins: Flieh! Nimm die Worte in die Hand und befrei dich! Schlag ein Rad, kauf eine Trompete, lern balancieren, bitte jemanden um Hilfe, lade zum Tee, tu irgendwas. Hauptsache, du machst mit. Hauptsache, du probierst was. Hauptsache, du lebst.

Dann kannst du aufatmen: Du bist ihm entkommen. Das hätte auch schiefgehen können!

mag ich: Entscheidungen. Den Staub von den Füßen schütteln. Etwas zugeworfen bekommen und es fangen. Gelegenheiten, die nicht warten. Wunschzettel schreiben. Den Moment. Gras, das über Dinge wächst.

19 Wie es ist, keine Rolle zu spielen

Es gibt jetzt eine Bibel für Frauen. Und eine für Männer. Weiß der Himmel, warum. An der Auswahl der Geschichten kann es nicht liegen. Wenn die Frauenbibel nur Frauengeschichten enthielte, wäre sie eine dünne Broschüre. Also muss es etwas anderes sein. Der Verlag schreibt, die Männerbibel greife Männerthemen auf: »Entscheidungen treffen, Arbeitsalltag, erfolgreiches Scheitern, Zeit, Sex, Geld, Alkohol, Sport«. Das Leben der Frau ist da überschaubarer. Ihre Themen sind zuerst »mit Sorgen zurecht kommen. Mutter, Tochter oder Single sein.«

Ich fasse zusammen: Der Mann ist erfolgreich (selbst, wenn er scheitert). Die Frau kommt zurecht. Der Mann definiert sich durch sein Tun (Arbeit, Sex, Sport). Die Frau durch ihr Sein (Mutter, Tochter, Single). Und damit auch dem letzten Dummchen klar wird, auf welche Seite es gehört, kommt die Männerbibel in stählerner Metall-Optik daher und die Frauenbibel im rosaroten Blümchengewand.

Vielleicht denken Sie: Mir doch egal. Ich habe meine Bibel, und die hat Goldschnitt. Das ist geschlechtsneutral.

Ich glaube aber, es ist nicht egal.

Ich bin in den 70ern groß geworden. Da war auch nicht alles Gold. Aber erst recht nicht rosa. Meine Liebe zu Ringelpullovern führe ich auf ein grün-weißes Exemplar aus der Kindergartenzeit zurück. Pippi Langstrumpf war die damalige Prinzessin Lillifee und sie brauchte kein Krönchen. Hello Kitty wäre von Tom & Jerry zum Teufel gejagt worden. Ich wollte eine Weile Lastwagenfahrerin werden, weil ich es mir aufregend vorstellte, ein so großes Auto zu steuern.

Heute stecken weibliche Babys in rosa Stramplern, die später von rosa Schleifchen abgelöst werden. Von Lego gibt es jetzt rosarote Schlösser für Mädchen und Ninja-kämpfer in blauen Kartons für Jungs. Unschuldige Zeiten, als alle zusammen Indianer oder Feuerwehr spielten. Den ersten Preis für sexistische Werbung hat eine Buchreihe zum Lesenlernen gewonnen. Jungs bekommen Piraten-, Polizisten- und Weltraumgeschichten. Bei den Mädchen strahlt eine Prinzessin mit ihrem Pferd um die Wette. Natürlich in rosa.

Und jetzt also die Bibel. »Ihr alle habt Christus als Gewand umgelegt. Es gibt nicht mehr Mann noch Frau.« Das schrieb Paulus, der sicher kein Feminist war.

Aber es spielt einfach keine Rolle, welche Lieblingsfarbe Maria hatte. Dass Frauen sich ebenfalls für Sex interessieren, wird spätestens im Hohelied klar. Es gibt Frauen, die sind Richterin, Herrscherin oder Schurkin. David spielt Harfe und gibt gleichzeitig den Krieger. Während Judith erst brav in ihren Büchern liest, bevor sie ihr Volk befreit und Holofernes den Kopf abhaut. Ob sie das in einem rosa oder blauen Leibchen tat, ist nicht überliefert.

Ich persönlich trage Rosa übrigens sehr gern. Bis in die 30er Jahre des letzten Jahrhunderts galt Rosa als typische Jungenfarbe. »Rosa«, schrieb damals eine amerikanische Zeitschrift, sei nun mal »die kräftigere und für Jungen geeignete Farbe.« Noch so ein Klischee ...

mag ich nicht: Ungleiche Rechte. Werbung für Slipeinlagen. Verschleierte Häupter. Das Fehlen der Priesterinnen. Schuhe, in denen man nicht laufen kann. Fußballgespräche (egal ob mit Männern oder Frauen).

20 Wie es ist, etwas zu wagen

Lass mal fühlen und nicht denken.

Lass mal Gott wirken und nicht erklären, warum er gerade stumm ist.

Lass mal fragen, anstatt zu wissen.

Lass mal singen, ohne gleich zu reflektieren, ob das jetzt Kitsch ist oder Hochkultur oder ob Bach das besser konnte.

Lass mal schweigen und nicht noch ein Gebet sprechen, das Gott erklärt, was er tun sollte, damit die Welt besser wird; so ganz unverbindlich, falls er senil geworden ist mit den Jahren.

Lass mal hören, wo unser Herz schlägt und ob es noch schlägt. Könnte doch sein, dass es längst aufgegeben hat, mangels Beachtung. Lass mal hören, wie ein anderes Herz schlägt, eines, das dich aus dem Takt bringt.

Lass mal schauen, was für Träume über den anderen Köpfen schweben und ob das nicht geht: Zusammen träumen trotz der Unterschiede.

Lass mal wundern über die Geschichten von Seewandlern und Brotvermehrung. Lass mal wundern über Worte, die so kryptisch sind und dennoch schön, Zauberworte eben, du verstehst sie nicht, aber vielleicht bewirken sie was. Lass mal wundern und nicht erklären, was nicht zu erklären ist.

Lass mal weitersehen und nicht vor der Mauer haltmachen, als sei es ein Gottesurteil, dass sie da steht. Lass mal gucken, ob es was gibt hinter dem Das-war-schon-immer-so-deshalb-muss-das-so. Lass mal gucken, ob es eine Tür gibt oder ein Fenster oder einen Hammer und einen Meißel.

Lass mal lieben und nicht von Verantwortung reden wie ein Verwalter mit dem Rechnungsbuch unterm Arm. Lass mal lieben, dass selbst die Häme weich wird wie Butter und keiner mehr dem anderen was auf Brot schmieren will.

Lass mal schweben, probeweise, und seien es nur fünf Zentimeter über dem Boden, es brauchen ja nicht gleich Engel zu sein, es reichen schon Menschen, also wir.

Lass mal stören – als erstes uns und dann die Welt.

Lass mal verrückt sein, damit wir etwas verrücken.

mag ich: David-gegen-Goliath-Geschichten. Hochseilgärten. Hochzeiten. Goldene Hochzeiten. Goldene Hochzeiten, ohne verheiratet zu sein. Ohne Navi unterwegs sein. Artisten im Zirkus. Die Geschichte von Petrus auf dem See.

Wozu stehst du?

zu meinen Fehlern.
Irgendwer muss sie
ja lieb haben.

lies weiter
auf Seite 26

Mögen alle meine Fehler sich auf
ihre Plätze begeben und möglichst
wenig Lärm dabei machen.
(Sprichwort der Inuit)

zu meinem Nächsten
und meiner Nächsten

zu meinen
Überzeugungen

lies weiter
auf Seite 87

schreib ein
Augenblicks-
bekenntnis

es sein denn,
es ist ein Idiot

das muss man
metaphorisch
sehen

lies Matthäus
5, 43–48

Lieben

Gott verspricht etwas und singt ein Wiegenlied

Könnte Gott sein, der spricht:

»Was du tun sollst auf dieser Welt, fragst du. Und ob es besser ist, zweilagiges Klopapier zu kaufen als dreilagiges. Und ob du nicht überhaupt mehr tun müsstest, fragst du. Für die Umwelt, für den Frieden, für das Nachbarschaftsfest am Sonnabend.

Was du tun sollst, fragst du, obwohl du müde bist, und ich denke: schlaf. Ich singe dir ein Wiegenlied. Der Himmel ist näher, als du denkst.

Ich sehe deinen skeptischen Blick, und ich mag diesen Blick, und ich mag deine Skepsis – obwohl sie anstrengend ist, manchmal. Weniger anstrengend ist es, Ja und Amen zu hören, aber vielleicht auch nicht, nicht für dich und nicht für mich, denn ich will dich sehen. Dafür bist du ja da.

Dir ist das peinlich. Dass ich dich sehen könnte. Dir ist dein Dasein peinlich, das sehe ich, und deine Zweifel sind dir ebenfalls peinlich. Wenn schon, dann sollten sie größer sein, denkst du. Wenn schon, dann willst du gewichtige Zweifel haben, an der Theorie der komplexen Realität solltest du zweifeln oder an der These irgendeines Philosophen, dessen Namen du nicht mal kennst. Stattdessen zweifelst du an dir, wenn du dich nachmittags lethargisch durch die Welt klickst. Wenn du liest, was dich eigentlich nicht interessiert, und dir Bilder anguckst von Leuten, die du noch nie gesehen hast. Du zweifelst an dir, weil du nichts Großes geschaffen hast. Keine Erfindung oder keine Kinder. Keinen neuen Yogastil und auch sonst nichts, was die Welt weiterbringt. Nicht mal bei Greenpeace bist du Mitglied.

Das passt nicht zu deinem Bild von dir und du fürchtest, das passt auch nicht zu meinem Bild von dir.

Dabei habe ich keins.

Ich verspreche dir: Ich habe keins. Ich sehe dich an.

Was du tun sollst, fragst du, und hast hundert Bücher gelesen, und du strengst dich an, du wringst deine Gedanken aus, bis die Adern auf deinen Armen pochen. Und du denkst, es müsse viel sein, es müsse gut sein, es müsse vollkommen sein, was du tust. Damit ich Gefallen finde.

Lass doch.

Du gefällst mir.

Lass doch, sage ich, aber du hörst nicht; so einfach willst du nicht davonkommen.

Lass doch, sage ich noch einmal.

Nur eins sollst du tun, und es ist leicht. Du brauchst dich nicht zu mühen, du kannst jederzeit anfangen. Es gibt hundert Arten und hundert Weisen und noch mehr darüber hinaus.

Bring mehr Liebe in die Welt.

Das ist alles.«

21 Wie es ist, erlöst zu sein

Am Anfang, als alle Butterblumen strahlten und die Amseln ihre Liebeslieder sangen, versprach mir einmal ein Mann: »Für dich will ich ein besserer Mensch werden.« Nun handelte es sich nicht um einen Kleinkriminellen, auch hatte er niemanden gemeuchelt. Er trank selten über die Maßen und hielt seinen Mitmenschen die Türen auf. Deshalb, und weil ich verliebt war, wusste ich, was die einzig richtige Antwort ist: »Das brauchst du nicht. Du bist wunderbar.« Gleichzeitig war ich aber auch nicht dumm. Ich ahnte, dass dies eine befristete Antwort ist. Ich wusste, weil ich schon ein paar Jahrzehnte auf der Erde war, dass diese Anfangsverliebtheit, dieses grenzenlose Rosarot, einem »Ja, aber« weichen würde. Dass irgendwann die erste hämische Bemerkung fallen, mich die Lästerei über Mutter / Kolleginnen / minderbemittelte Nachbarn nerven, und ich in der Tiefe meiner Seele fürchten würde, es könnte eines Tages auch mich treffen.

Ich wusste, dass die Gefahr groß ist, das »Du bist gut, wie du bist« durch ein »Du könntest gut sein, wenn ...« zu ersetzen. Wenn du dich ändern würdest, nur ein wenig. Wenn du die Zahnpastatube zudrehen, den Müll runterbringen, Möhren essen würdest.

Nur, was dann?

Es geht um Angenommensein. Wer sich grundsätzlich angenommen fühlt, kann ohne größere Blessuren nervige Angewohnheiten ändern. Es geht ja nicht ums Ganze.

Aber wir leben im Zeitalter der Selbstoptimierung. Da passt Annahme nicht ins Konzept. Zeitschriften, Seminare und Psychotests suggerieren uns: Es gibt immer etwas zu verbessern. Es hört nie auf. Für die schönere Nase gibt es Chirurgen, für feste Oberarme Trainingspläne. Um eine bessere Mutter/Liebhaberin/Arbeitnehmerin zu sein gibt es Coaches, um eine funktionierende Weltenbürgerin zu sein, Therapien. Und den Zustand der eigenen Seele optimiert man mit einer Meditationsreise nach Bali. Wer nicht glücklich ist, ist selber Schuld.

Früher musste man für seine Erlösung beten. Heute muss man etwas dafür tun. Zum Glück gibt es immer weniger Pastoren, die sonntäglich ein großes Fass Schuld über uns entleeren. Und täten sie es, wären wir frei genug, die Kirche zu wechseln oder länger im Bett zu bleiben. Wir sind frei von der Angst, eines Tages büßen zu müssen. Niemand sagt uns, dass wir Sünder sind.

Es ist auch nicht mehr nötig. Denn wir übernehmen das jetzt selbst. Natürlich unter dem Mantel des Wohlmeinens. Wir glauben verheißungsvollen Versprechen, wie es wäre, kommunikativer, verständnisvoller, gelassener oder beweglicher zu sein. Die Botschaft bleibt trotzdem: Du bist nicht okay. Ändere dich.

Damals, als es noch keine Frauenzeitschriften gab, wurde Jesus mal gefragt, was das allerwichtigste Gebot sei. Er sagte: »Gott lieben und seinen Nächsten lieben wie sich selbst.« Man könnte das übersetzen: sich angenommen fühlen. Sich selber annehmen. Und deshalb auch andere annehmen können. Wer in einem solchen Meer an Liebe schwimmt, kann nicht untergehen. Schon gar nicht wegen einer offenen Zahnpastatube.

mag ich nicht: Brustvergrößerungen. Das Licht in Umkleide-kabinen. Mit Gott drohen. Sehr teure Selbsterfahrungskurse. Versprechungen, wie man schöner / reicher / liebenswerter wird. Strafende Nichtbeachtung.

Ich besitze 14 Sets Bettwäsche und bin noch nie geflohen. Deshalb liegen die Laken wohlsortiert im Wäscheschrank. Im Winter hole ich die Rotbestickte heraus und im Sommer lieber die Geblümte. Wenn ich ein Set aufziehe und ein zweites in der Wäsche ist und ein drittes für Gäste parat liegt, bleiben immer noch 11 Sets, die ich nicht akut brauche, es sei denn, es käme überraschend eine Fußballmannschaft zu Besuch, was aber selten passiert.

Wer aus Syrien kommt, hat meistens keine Bettwäsche dabei. Jedenfalls denke ich mir das so, weil Bettwäsche sperrig ist und nicht überlebensnotwendig. Ich habe also einen Bettwäscheüberschuss, jemand anderes ein Defizit, wir könnten uns treffen und die Sache auf kurzem Wege ins Lot bringen.

Im meiner Stadt geschah es so. Eine Tageszeitung veröffentlichte eine Liste der Dinge, die den vielen Flüchtlingen, die täglich kommen, fehlen. Es ging nicht um Häuser, Bankkonten, Lebensversicherungen. Sondern um Alltagssachen wie Hosen, Röcke, Tampons, Duschgel und eben Bettwäsche. Während im Politikteil noch darüber diskutiert wurde, wie mit den Flüchtlingsströmen umzugehen sei, strömten Hunderte in die Zeitungsredaktion und brachten, was gebraucht wurde. Kinder gaben Bälle ab. Männer teilten Jeans. Perlenbesetzte Frauen rollten Koffer voller Toilettenutensilien hinter sich her. Leute brachten Fahrräder, Malzeug und Schreibutensilien. Denn ohne Stift lernt man schwer Deutsch.

Ich bin sicher, diese Geschichte ist nicht einzigartig. Deshalb erzähle ich sie. Sprache schafft Wirklichkeit. Wer nur von angezündeten Flüchtlingsunterkünften liest, kann sich irgendwann nichts anderes mehr vorstellen.

Vergesst die Gastfreundschaft nicht. Manche haben, ohne es zu wissen, Engel beherbergt. Flüchtlinge sind keine Engel. Aber sie sind Menschen. Sie sind keine besseren Menschen, aber auch keine schlechteren. Sie tun das, was ich wahrscheinlich genauso täte, wäre ich nicht in einem Land mit Bettwäscheüberschuss geboren. Sie suchen nach einem besseren Leben. Abraham war Wirtschaftsflüchtling. Sein Sohn Isaak ebenso. Naomi, die Schwiegermutter Ruths, floh ins Nachbarland, um Arbeit zu finden. Jakob suchte Asyl wegen eines Familienstreits. Das wären heute alles keine anerkannten Asylgründe. Und ob Mose, mit einem Totschlag im Gepäck, Asyl erhalten würde, ist ebenso fraglich. Gott war immer mit diesen Leuten. Ach ja, bleibt noch Jesus. Ebenfalls Asylant in seinen ersten Lebensjahren. Hätte Ägypten seine Familie nicht aufgenommen, wäre seine Laufbahn als Gottessohn möglicherweise beendet gewesen, bevor sie richtig begonnen hat. So gehen die Geschichten, auf die wir uns als christliches Abendland berufen. Wenn das mehr als romantische Märchen sind, dann sollten wir wenigstens für einen Moment in jedem Syrer Jesus sehen und in jeder Albanerin Naomi. Das löst die Flüchtlingsfrage nicht. Aber es erinnert daran, dass zunächst ein Mensch vor uns steht, kein Problem.

mag ich: Mitbringbuffets. Tauschkisten auf dem Bürgersteig. Öffentliche Parks. Wiesen, auf denen man liegen darf. Die Hamburger Stadträder. Carsharing. Steuern zahlen. Die Speisung der 5000.

23 Wie es ist, Leid auf sich zu nehmen

Frau P. ärgert sich. Jetzt ist wieder Fastenzeit und überall sagen sie, weniger sei mehr und dann soll man keine Schokolade essen, um das Leiden Jesu zu spüren. Frau P. findet das ziemlich weit hergeholt. Sieben Wochen ohne Milka mit einer Kreuzigung zu vergleichen, ist erstens vermessen. Das ist so ähnlich, als würde man die Brigitte-Diät als Solidarität mit den Hungernden dieser Welt bezeichnen. Wer sonst keine Probleme hat, dem geht es ziemlich gut.

Und zweitens will es Frau P. nicht in den Kopf, warum man überhaupt das Leid eines anderen miterleben will. Als ob Leiden etwas Schönes wäre. Das hat Frau P. schon immer an der Kirche gestört: Überall hängen Kreuze, an denen einer stirbt. Niemand kommt ihm zu Hilfe. Von seinem Blut ist die Rede, von Verrat und von Schmerz. Es kommt ihr vor, als ob das Leid verherrlicht werde. Warum muss das denn eine derart große Rolle spielen? Wo es doch so viel schönere Empfindungen gibt. Freude. Glück. Liebe. Hat denn Jesus nie gelacht?

»Habe ich«, sagt Jesus, und wir wissen nicht, ob Frau P. das hört. »Ich habe geliebt und gelacht und gelebt und dafür gekämpft, dass jeder lieben, lachen und leben kann. Ich habe keinen verloren gegeben, alle habe ich eingeladen. Ich habe Wein getrunken und gepredigt, das Leben war mir ein Fest, für das es keine Kleiderordnung gibt. Ich wollte, dass alle dabei sind. Dafür habe ich gelebt.«

Frau P. ist das Elend der Welt nicht egal. Sie spendet regelmäßig Geld an Amnesty. Sie mag Menschen, die sich einsetzen, die kämpfen für eine bessere Welt. Frau P. bewundert ihren Mut und ihre Entschlossenheit, Anfeindungen in Kauf zu nehmen, Erniedrigung, Schmerz und in manchen Gegenden der Welt sogar den Tod.

»Kurzum«, sagt Jesus, der genau zugehört hat, »sie haben das Leid in Kauf genommen.«

»Aber ich bewundere sie ja nicht für ihr Leid«, würde Frau P. einwenden.

»Aber für ihre Leidenschaft«, könnte Jesus entgegnen.

Frau P. denkt an die Zeit, als H. im Krankenhaus lag. Frau P. hasst Krankenhäuser, schon ihren Geruch kann sie nicht ertragen, sie hat Angst vor all den Apparaten und deren Piepsen, vor Spritzen, Narkosen und den umher eilenden Ärzten. Und dennoch saß sie selbstverständlich an H.s Bett, sie hielt seine Hand, die schuppig und heiß war, sie litt mit ihm, wenn er sich vor Schmerzen krümmte. Niemals hätte sie ihn dort allein gelassen. Sie liebte sein Leid nicht, sie hasste es sogar, aber sie liebte ihn.

»Genau«, sagt Jesus und seine Augen leuchten. »Die Liebe trägt das Leid auf ihren Schultern. Huckepack. Nicht weil das Leid der Sieger ist, sondern weil die Liebe die Stärkere ist. Die Liebe erträgt alles, sie glaubt alles, sie hofft alles, sie duldet alles. Die Stärke der Liebe ist ihre Leidenschaft.«

Dann nimmt er sein Kreuz wieder auf die Schulter. Huckepack. Nicht, weil er das Leid liebt. Sondern weil er seine Leidenschaft nicht verraten will.

Ob er Schokolade gemocht hätte, wissen wir nicht.

mag ich nicht: Selbstkasteiung. Marzipanschokolade. Leere Versprechungen. Zwei-, Drei-, oder Vierklassengesellschaften. Private Krankenversicherungen. Zynismus. Brennnesseln (auch nicht als Smoothie). Todesstrafe. Rambo 1–4.

24 Wie es ist, zu lieben

Deine Liebe ist wild und unberechenbar. Bei dir gibt es keine Geschichten von Romantik und Gänseblümchen, keine Sonnenuntergänge (wobei es interessant ist, dass in der christlichen Kitschszene so viele Kreuze mit Sonnenuntergang zu haben sind). Die Liebe, von der du redest, ist roh und unbequem. Deine Regel ist einfach. »Ihr habt gehört«, sagst du, »Du sollst deinen Nächsten lieben und deinen Feind hassen.« Du setzt noch einen drauf: »Liebt eure Feinde!« Was für ein Anspruch! Geht's nicht eine Nummer kleiner? Wir sind uns ja oft genug schon selbst der größte Feind. Und dann kommen noch die anderen dazu! Wieviel leichter wäre eine einfache Rechnung: Die guten ins Töpfchen, die schlechten ins Kröpfchen. Für die einen den Himmel, für die anderen die Hölle. Liebe und Strafe, Belohnung und Zorn. Das kann man sich merken.

Warum reicht dir das nicht? Warum musstest du mit Betrügern essen und am Ende sogar einem Verbrecher das Paradies versprechen? Nichts ist bei dir exklusiv. Erste Klasse und zweite Klasse? Gibt es nicht. Du lädst die Leute von der Straße ein und fragst nicht mal, woher sie kommen. Wenn wir das wenigstens trennen könnten: Sozialarbeit und Romantik. Hand und Herz. Aber nein. Bei dir ist Liebe eben Liebe. Auch hier: Keine zwei Klassen. Das ist eine Zumutung, das weißt du. Ich zähle mal eben auf: Einen Verbrecher soll ich lieben. Den Attentäter, der eben eine Handvoll Menschenleben ausgelöscht hat. Ein paar weltbeherrschende Diktatoren. Den Onkel, der seine Hand zu nah an meinem Hintern ablegt. Ist das dein Ernst? Das kannst du nicht wollen, das kann nicht dein Ernst sein.

»Du bist wütend«, sagst du und ich sage dir: Das bin ich. Und du sagst: »Das ist gut so. Sei wütend im Namen der Liebe, sei wütend auf alles, was sie zerstört. Sei laut gegen jede böse Tat. Kämpf gegen den Hass, kämpf gegen die Verachtung, gegen die Verletzung. Lass nicht nach und lass es nicht egal werden. Das alles kannst du nur, wenn die Liebe dich treibt, wenn du nicht selber in die Klauen des Hasses gerätst. Bleib in der Liebe, sie hat Flügel und Zähne. Vergiss das nicht. Sie ist keine Kuscheldecke, die dich besser schlafen lässt. Im Gegenteil: Die Liebe weckt dich auf. Sie weckt dich auf aus dem Schlaf der Sicherheit und der Selbstgerechtigkeit. Weil sie in Gefahr ist. Sie muss verteidigt werden, jeden Tag und an jedem Ort. In den Wohnzimmern und auf der Straße. An der Seite eines Sterbenden. Im Angesicht eines betrunkenen Bettlers. In den verloren gegebenen Ecken der Welt. Da, wo du dich ekelst, da, wo du den Blick abwenden willst.«

Ich sage, kann ich nicht. Das schaffe ich nicht.

Du sagst: »Macht nichts. Gib nur nicht auf. Lass nicht nach. Tu, was du kannst. Und manchmal ein kleines bisschen mehr. Ich verspreche dir: Die Liebe verleiht Flügel und Zähne.«

mag ich: manchmal sich selbst überwinden. Wilde Himbeeren. Das Wort »trotzdem«. Etwas Gutes tun, auch wenn es nicht die Welt verändert. Liebesglut. Dinge, die man nicht berechnen kann.

25 Wie es ist, die Komfortzone zu verlassen

Jeder halbwegs mutige Mensch hat in seinem Leben ein paar Mal Liebeskummer. Mich erwischte es im Urlaub. Kein geeigneter Ort, im Urlaub will man heiter sein. Aber das Schicksal – genauer: der Mann – wollte es anders. Er rief mich an und fragte, wie es wäre, wenn wir einfach Freunde blieben. Freunde hatte ich genug, als Freund hatte ich nur ihn, weswegen mir der Vorschlag nicht besonders gefiel. Das änderte nichts am Ergebnis. Ich legte auf, saß zwischen Palmen und Trümmern und fragte mich: Was nun?

Als erstes den Flug umbuchen. Keine Minute länger wollte ich an diesem Ort bleiben. In der Sonne trauert es sich nicht gut. Um zum Flughafen zu gelangen, gab es drei Möglichkeiten: 1. Gehen. Steinwüste und 40° verlockten nicht unbedingt dazu. 2. Ein Taxi. Aber ich fürchtete, Konversation machen zu müssen, und was ich jetzt ganz bestimmt nicht wollte, war reden. Also blieb 3. Ein Aluguer. Das ist ein Pick-up, der ohne erkennbares System irgendwo hinfährt und irgendwo hält. Man springt auf, findet zwischen einheimischen Menschen und Hühnern Platz und wird mit etwas Glück an gewünschter Stelle wieder rausgelassen. Sowas ist nichts für mich. Eigentlich. Ich bin Deutsche. Ich brauche einen Fahrplan und eine Haltestelle und einen Busfahrer in Uniform. Dann weiß ich, woran ich bin.

Allerdings war meine Ordnung ja sowieso gerade auf den Kopf gestellt. Mein Freund hatte sich davongemacht, die Wohnung würde ich auflösen und mein Traumurlaub hatte sich ausgeträumt.

Was soll's?, dachte ich, die Katastrophe ist eh schon da, und sprang auf den Pick-up. Ich rechnete damit, entführt, bestohlen, verheiratet oder skalpiert zu werden, aber das alles schien mir angesichts meiner Lage hinnehmbar.

Natürlich geschah: Nichts.

Wobei das auch nicht stimmt. Ich hockte mich auf den Radkasten und hielt mich irgendwo fest. Niemand beachtete mich. Die Sonne schien, der Fahrtwind zauste mein Haar. Ich entspannte mich. Ich hielt die Nase in die Luft, ließ die Wüste vorbeifliegen und begann, die Sache zu genießen. Zu meiner Überraschung registrierte ich: Ich fühle mich frei.

Okay, dachte ich, als ich ausstieg. Das mache ich jetzt jeden Tag. Bis der Liebeskummer weg ist. Also, nicht Pick-up-Fahren. Aber eine Sache, die ich mich normalerweise nicht traue. Die mir unangenehm ist. Eine Sache, die mich aus meiner Komfortzone lockt, damit ich mich lebendig fühle und nicht wie ein verlassener Haufen Elend.

Mein tägliches Aluguer.

mag ich: Die Bremer Stadtmusikanten (»etwas Besseres als den Tod findest du überall«). Außer Atem sein. Pilgern. Unangenehmen Fragen nicht ausweichen. Nach der Sauna in den Schnee gehen. Jemandem helfen. Um Hilfe bitten.

Oma ist seit 38 Stunden tot. Es war abzusehen. Ihren
90sten Geburtstag haben wir gefeiert und dann den
91sten, und plötzlich gab es keine Torte mehr und die
Wege wurden kürzer und eines Tages setzte sich Oma in
den Sessel und vom Sessel ging sie ins Bett und dort blieb
sie.

Jetzt ist sie weg. Ich stehe in der kleinen Wohnung, in
der alles riecht wie immer und ich versuche, es mir ein-
zuprägen: Den Hut auf der Garderobe. Die Münzen im
Aschenbecher. Den Korb auf der Anrichte und die Post-
karten, die ich ihr selber geschrieben habe. Die hellblaue
Jacke. An der Jacke bleibe ich hängen. Weil sie eine Geschichte erzählt, die ich nicht vergessen will. Weil sie die
ganze Geschichte erzählt, die auch nur ein Teil ist, aber ein
größeres Teil. Weil sie die Geschichte erzählt von Oma und
der Welt. Vom Einerseits und vom Andererseits. Vom Wollen und nicht können. Und vom Können und nicht wollen.
Und von der ganzen Zwiespältigkeit, die in jedem Leben
wohnt, auch in meinem. Ich will nicht vergessen, nicht das
eine, nicht das andere. Ich will es halten, aushalten.

Die hellblaue Jacke ist für gute Tage. Für Tage mit
Bohnenkaffee, frisch gemahlen von Tchibo. Wenn sie am
Tisch sitzt, duftet er und die Kleckertorte und die Kiwi-
torte und die Kalte Hundeschnauze duften auch. Und alle
sind da und die Jacke leuchtet, leuchtet hellblau wie ihre
Augen, die immer ein bisschen wässrig sind, die alles gut
machen wollen, bloß gut.

Die Jacke ist für gute Tage – gekauft, als die Trümmer

beiseite geräumt waren und der Schrecken unter den Tisch gefegt. Unter den Kaffeetisch, an dem Onkel August von Stalingrad erzählt und Opa passen muss, weil er's so schwer nicht hatte. Aber trotzdem. Die Jacke hält drei Stück Torte aus, sie kneift nicht. Das ist das Mindeste, ist ja wieder alles da, nur der Verlobte nicht, der liegt mit einer Kugel in einer anderen Jacke wer-weiß-schon-wo. Darüber der Himmel. So himmelblau wie die Jacke. Vielleicht träumt sie von ihm, der keine Torte kriegt, aber man kann eben nicht alles haben. Zu der Jacke gehört ein Ring und ein Saphir und ein Bett und ein Leben. Gute Butter im Schrank und nach vorn schauen, immer nach vorn, nützt ja nichts.

Die Juden haben sie aus dem Dorf getrieben, morgens in der Früh. Mit ihren eigenen Augen hat sie es gesehen, mit ihren hellblauen Augen. Aber die Jacke gab es da noch nicht, die hat nichts gesehen. Die Jacke ist unschuldig, und deshalb gibt es jetzt Torte. Essen hält Leib und Seele zusammen; das ist wichtig, um nicht auseinanderzubrechen. In der Jacke hat alles seinen Platz. In der Jacke ist alles himmelblau.

Jetzt stehe ich in der Tür, und wenn ich sie schließe, schließt sich ein Leben. Die Jacke nehme ich mit. Ein Rezept für Kalte Hundeschnauze, ihre Schrift auf Linienpapier. Die Erinnerung nehme ich mit in mein Leben.

mag ich: Museen. Handgeschriebene Notizen in alten Büchern. Grabinschriften. Etwas auswendig können. Möbel, die eine Geschichte haben. Den Mut, sich zu erinnern. Buttercremetorte. Mit Ambivalenzen leben.

27 Wie es ist, Gott zu befreien

Ich frage mich, was du denkst, Gott. Über die Kirche, die ja irgendwie dein Haus sein soll, überall auf der Welt. Und zuhause, da will man sich doch wohlwühlen.

Ich besuche dich regelmäßig. Egal ob italienisches Bergkloster oder der Dom in Oslo: Ich schaue mal kurz rein. Ob offen ist, ob du da bist und wie es aussieht bei dir. Meistens zünde ich eine Kerze an, das finde ich ganz schön, weil ich mir vorstelle, dass du dann nicht so allein zurückbleibst, wenn ich wieder gehe.

Manchmal sieht es schön aus bei dir. Licht und leicht. Oder dämmerig und innig. Aber oft ist es anders. Dann ist es steril oder, schlimmer noch, ein bisschen vernachlässigt. Du weißt, Bilder an den Wänden, die schon lange keiner mehr ansieht und in der Ecke ein verstaubter Gummibaum. Kein Leben drin. Mich deprimiert das. Ich gehe dann und selten komme ich sonntags wieder.

Denn sonntags will ich nicht depressiv sein. Ich will eine Kaffeetafel, da soll Butterkuchen auf den Tisch kommen und alle sind da und reden und lachen und die Woche ist weit weg. Aber so fühlt es sich nicht an. Und ich rede jetzt nicht von den seltenen Orten, in denen alles ganz anders ist. Ich rede von der »guten Stube«, in die ich an solchen Sonntagen kommen soll und in der es sich immer irgendwie steif und falsch anfühlt, weil das Leben doch eigentlich in der Küche stattfindet.

Bei meinen Großeltern gab es auch so eine gute Stube. Die Uhr tickte zu laut und immer wenn wir dort saßen, war ich befangen. Ich schielte, ob meine Fingernägel sauber waren, räusperte mich unbehaglich und fühlte mich am falschen Ort.

Ich glaube einfach nicht, dass du solche Stuben magst, Gott. Warum solltest du? Ich glaube nicht, dass du es magst, auf harten Bänken zu sitzen, einer hinter dem anderen. Ich glaube nicht, dass dein Musikgeschmack vor 300 Jahren einfach stehengeblieben ist. Ich will auch nicht mehr hören, was ich mit 16 gehört habe. Man entwickelt sich ja weiter – und du doch auch, oder?

Vielleicht müssen wir dich retten, müssen die gute Stube entern und das Biedermeier rausschmeißen, die Fenster aufreißen und das Leben reinlassen! Du brauchst nichts vorbereiten, wir kommen einfach. Wir bringen mit, was wir haben, wir singen unsere Lieder, die auch nach 2000 Jahren noch von Sehnsucht erzählen, aber andere Namen für dich haben. Wir wollen dich – und wir wollen dich als einen von uns. Du sollst lebendiger sein als dein Abbild an der Wand.

Ich glaube, du willst das auch. Verzeih, wenn ich dich vereinnahme, aber die Geschichten erzählen davon, wie unglaublich alltäglich du mal warst. Hirte, Bauer, Bäckerin. Heute gibt es kaum noch Schafherden, aber dich gibt es immer noch. Ich will keine gute Stube ordentlich halten, die nur noch an Feiertagen jemand betritt. Ich will in der Küche sitzen, wo das Leben ist, und ich will dort zuhause sein, mit dir und den anderen.

mag ich nicht: etwas so lassen, nur weil es schon immer so war. Zu langsames Orgelspiel. Gardinen. Ungelüftete Räume. Oblaten. Resignation. Gereimte Tischgebete. Türen, die aus Gewohnheit verschlossen sind.

Was schenkst du?

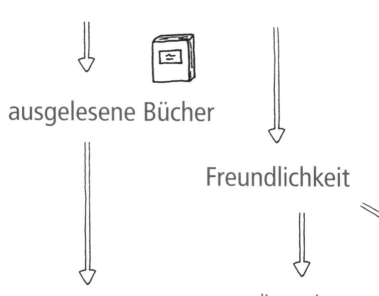

ausgelesene Bücher

Freundlichkeit

leg eins in die Bushalte-
stelle und hinterlass eine
Nachricht auf Seite 17

lies weiter
auf Seite 81

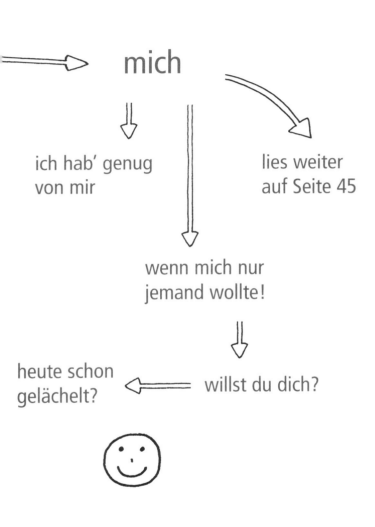

mich

ich hab' genug
von mir

lies weiter
auf Seite 45

wenn mich nur
jemand wollte!

heute schon
gelächelt?

willst du dich?

Glauben

Lukas will, dass was passiert,
und dann passiert was

Lukas mag diese Kaugummis nicht, die sich jetzt alle kaufen. Die nach Apfel schmecken und dann auch wieder nicht, sondern nach etwas ganz anderem, aber was dieses andere ist, darauf kommt er nicht. Warum macht man Kaugummis, die nur fast wie Apfel schmecken, fragt sich Lukas. Ihm fällt keine Antwort ein und das macht ihn wütend. Er mag es nicht, wenn Sachen im Ungefähren bleiben. Zum Beispiel, wenn Nico sagt »man sieht sich« und Lukas hat keine Ahnung, was das heißt. Wann sieht man sich? Und wo?

Lukas geht dann zum Kiosk oder lungert ein bisschen beim Bus rum und guckt, ob Nico kommt. Ist aber nur ein Penner da, der schläft, und Lukas kickt eine Dose zur Seite.

Nico ist Lukas' Freund. Jedenfalls irgendwie, und das ist schon wieder was, das Lukas nervt.

Heute kommt Nico jedenfalls nicht. Lukas hebt die Dose auf wegen dem Pfand und trottet nach Hause. Als er die Tür aufschließt, riecht es nach Blumenkohl. Er seufzt. »Was seufzte denn«, sagt die Oma, ohne dass es wie eine Frage klingt. Lukas zuckt mit den Schultern und verschwindet in seinem Zimmer. Er lässt sich in den roten Sessel fallen. Den findet er gut. Den hat er auf der Straße gefunden, der stand einfach da, ein Sessel aus rotem Leder oder Kunstleder, Lukas kennt sich damit nicht so aus. Aber der Sessel ist cool.

Lukas sitzt da und nichts passiert. Viele Minuten passiert nichts. Nur der Blumenkohlgeruch wird stärker. Lukas betet: »Lieber Gott, mach, dass was passiert.« Obwohl er gar nicht an Gott glaubt. Weil: Gott kann man nicht sehen. Gott kann man nicht riechen. Und um es abzukürzen: Schmecken und hören kann man ihn auch nicht, selbst wenn viele Leute das Gegenteil behaupten. Lukas kann Gott auch nicht fühlen. Gott ist ein Nichts.

Ich bin auch ein Nichts, denkt Lukas. Lisa geht mit Marten. Jan hat ein Moped. Lasse hat jedes Mal eine Eins in Mathe. Lukas hat nichts von alledem, und auch kein Skateboard, weil er sowieso runterfallen würde. Außerdem hat er kein Geld dafür, denn Eltern hat Lukas auch nicht, nur die Oma, die weiß auch keinen Rat.

Lukas ist ein Nichts. Obwohl er in seinem roten Sessel sitzt. Niemand guckt ihn an. Niemand interessiert sich für ihn. Insofern, denkt Lukas plötzlich, haben Gott und ich eine ganze Menge gemeinsam.

Zum ersten Mal in seinem Leben hat Lukas das Gefühl, nicht allein zu sein.

28 Wie es ist, Gold zu finden

Ich stelle mir das so vor: Als Gott fertig war mit der Welt, als alle Blumen, Goldkarpfen, Täler und Windmühlen an ihrem Platz waren, zog er sich ein bisschen zurück, damit der Mensch Raum zum Leben hatte. Gott wollte schließlich nicht aufdringlich sein. Er hatte alles schön gemacht zu seiner Zeit und die Uhr auf »ewig« gestellt.

Dann kam der Mensch. Er ging hinaus in die Welt, genoss Butterblumen und Pingpongspiel, lobte das Blau des Himmels und die Erfindung der Liebe und gab sich allerlei Vergnügungen hin. Er baute Häuser, zündete Kaminfeuer an, komponierte Opern und strickte Pullover. Es gab so viele wunderbare Dinge zu tun, mehr als man in einem einzigen Leben je schaffen könnte. Gott freute sich darüber, zeigte es doch, dass er mit der Erschaffung der Welt genau richtig gelegen hatte. Irgendwann begann er sich allerdings zu fragen, ob er die Welt eventuell zu gut gemacht hatte. Der Mensch erinnerte sich nicht an ihn. Er war zu beschäftigt. Gott lag es fern, dem Menschen bösen Willen zu unterstellen. In gewisser Weise trug er ja selbst die Verantwortung dafür. Er hätte die Welt schließlich auch langweilig machen können.

»Da müssen wir nachbessern«, murmelte Gott und stellte eine große Kiste auf die Erde. »Was ist das?«, fragte der Mensch. »Weiß nicht«, antwortete ein anderer. Sie umrundeten die Kiste und fanden einen Aufkleber. »Da steht ›heilig‹ drauf.« Neugierig schauten sie hinein. In der Kiste war etwas, das aussah wie Goldstaub. »Voll schön! Davon nehme ich was mit!« Die beiden stopften sich die

Taschen voll und alle anderen taten es ihnen nach. Dann liefen sie nach Hause, erfreut über ihren wertvollen Fund.

Aber ach! Als sie den Staub zuhause hervorholen wollten, reichte ein Hauch, und er verteilte sich in alle Himmelsrichtungen. Das Heilige verschwand. Niemand konnte es festhalten. Der Mensch war enttäuscht. Er murrte. Eine so schöne Sache, kaum hatte man sie, schon war sie wieder entfleucht? Das nahm der Mensch übel. Frustrationstoleranz war noch nie seine Stärke.

Doch schon bald entdeckte die Erste ein Glänzen. Dann der Zweite. Man brauchte nur aufmerksam zu schauen, dann war es da: Es lag in der Stunde des Schlafs. In einem Lied. Es fand sich in dem Moment des Wiedersehens. Es lag auf einem alten Bild. Auf dem Gesicht eines Krankenpflegers. Man konnte es entdecken in einem einzelnen Wort. In einer Erinnerung. Im Schweigen einer Landschaft. Beim Teilen von Brot. Manchmal war es da, wenn alles passte. Und manchmal, wenn man am wenigsten damit rechnete. Es erhellte die Sonne. Und es brachte ein Glimmen in die Dunkelheit. Jeder konnte es an einem anderen Ort finden, in einem anderen Moment, sogar in einer anderen Sache. Aber immer war es, als würde sich für eine Millisekunde der Himmel öffnen. Es hob den Mensch über den Alltag hinaus. Überall konnte es aufblitzen und überall konnte es erinnern: Hier ist Gott.

mag ich: silberne Sterne. Glühwürmchen. Aha-Momente. Das Lächeln eines fremden Menschen. Der Blick eines Babys. Ikonen. Zeitlupe. Wenn man ein Lied, das jemand im Vorübergehen pfeift, unwillkürlich weiterpfeift.

Ich bin Christin. So. Jetzt ist es raus. Ich denke, hier darf ich das sagen, ohne auf allzu großes Unverständnis zu stoßen. Ich bin keine von der radikalen Sorte. Die Evolution scheint mir grundsätzlich ein schlüssigeres Konzept als eine Welt, die in sieben Tagen fertig war. Ich missioniere nicht in Fußgängerzonen, und von Teufelsaustreibungen halte ich wenig. Routinemäßigen Wunderheilungen stehe ich erst recht skeptisch gegenüber.

Trotzdem ist es mir peinlich. Wenn Leute mitbekommen, dass ich an Gott glaube, bin ich sofort geneigt, das zu entschuldigen. Ich bekräftige dann, dass ich ansonsten ganz normal / klug / reflektiert bin, mich schon mal betrunken habe und gern Karten spiele.

Der Satz »Ich bin Christin« ist in etwa so sexy wie das Bekenntnis, Tweedhosen zu tragen. Im ungünstigsten Fall wird mir die Fähigkeit zu denken abgesprochen, dabei glaube ich, mein Gehirn funktioniert einigermaßen. Manchmal werden mir auch die Kreuzzüge zu lasten gelegt oder der zweifelhafte Umgang mit Kirchensteuereinnahmen. Beides heiße ich nicht gut. Es ist nämlich definitiv nicht so, dass ich mit dem Gesamtprogramm »Christentum« zufrieden bin. Aber ich bin auch nicht mit dem Gesamtprogramm des örtlichen Kinos zufrieden und möchte deshalb trotzdem das Filmeschauen nicht aufgeben.

Mir ist auch bewusst, dass die Bibel eine Menge merkwürdiger Zitate enthält, insbesondere, wenn man sie aus dem Zusammenhang reißt. Menstruierende Frauen zum

Beispiel werden nicht gerade bevorzugt. Hin und wieder werden Ungläubige getötet. Beides finde ich falsch, das sage ich ganz klar.

Dennoch bin ich Christin. Und trotz allem bin ich das mit einem gewissen Stolz (bevor jetzt jemand Einspruch erhebt: Den billige ich auch jedem Mitglied einer anderen Glaubensgemeinschaft zu, solange er ihn nicht als Legitimation benutzt, einem Andersdenkenden den Kopf einzuschlagen.) Ich bin stolz darauf, einer Religion anzugehören, die keine Religion der Gewinner ist. Das Leben Jesu beginnt mit einem Desaster (unehelich, obdachlos, verfolgt) und endet in einem Desaster. Gott scheint keine Religion der Helden zu brauchen. Ich bin stolz, einer Religion anzuhängen, die das Leid nicht beschönigt und gar nicht erst verspricht, sie könne es verhindern. Die stattdessen sagt: Das stehen wir durch. Zusammen. Ich bin stolz, einer Religion anzugehören, die sich auf das Wort »Freiheit« gründet, keinen Grund kennt, Menschen auszuschließen und in jedem Unsympath wie auch in jedem Flüchtling Gott sieht. Ich bin stolz auf eine Religion, die die Rache verbietet, gegen Genuss nichts einzuwenden hat, das Leben als schöne Sache preist und Macht nicht mit Unterdrückung verwechselt (»Die Liebe ist die größte von allen«).

Das haben nicht immer alle verstanden. Das klingt regenbogenfarbiger als die Realität. Krieg und Missbrauch, Mauscheleien und Scheinheiligkeit gab es immer, und sie sind auch heute nicht zu leugnen. Aber ich überlasse ihnen doch nicht meine Religion. Und deshalb: bin ich Christin.

mag ich: den Gedanken, dass jeder Mensch ein Ebenbild von Gott ist. Freiheit. Berge versetzen. Licht, das durch Kirchenfenster fällt. Russisch-orthodoxe Chormusik. Anglikanische Evensongs. Gott zwischen den Kochtöpfen finden (Teresa von Ávila).

30 Wie es ist, allmächtig zu sein

Ole ist mein allerkleinster Freund. Er ist vier. Ich bin über vierzig. Wir verstehen uns blendend. Gestern fragte Ole: »Gibt es Alleskönner?« Ich überlegte, und mir fiel beim besten Willen niemand ein. Nicht mal Großmütter sind Alleskönner, obwohl sie nah dran sind. Also sagte ich: »Vielleicht Gott.« Ich sah, wie es in Oles Kopf ratterte. Er dachte nach. Ich auch. Wenn Gott alles kann, könnte er Kriege beenden, Brötchen an Bettler verteilen, den Nordpol wieder um ein paar Grad herunterkühlen und den Mördern die Gewehre wegnehmen. Tut er aber nicht. Manche sagen: Er könnte schon, er will nur nicht. Das wiederum will ich mir gar nicht vorstellen. So ein Gott wäre ziemlich kaltherzig. Bleibt nur die Möglichkeit, dass er doch kein Alleskönner ist.

Ein Gott, der alles kann, wäre praktisch, weil er die Welt aufräumen und, falls nötig, Berge verschieben könnte. Meinungsverschiedenheiten könnte er mir nichts, dir nichts beseitigen. Allerdings hielte er uns im Kinderstatus: Papa soll entscheiden, wer »Schuld« hat, Mama soll es richten. Das ist manchmal ganz praktisch, auf Dauer gesehen aber unbefriedigend. Diktaturen funktionieren so. Wahrscheinlich geriete Gott auch schnell in Interessenkonflikte.

Nehmen wir an, eines schönen Maimorgens bittet Erika um Regen, weil ihre Primeln so trübe aussehen, während Martin für seine Radtour dringend Sonne möchte. Silke will Oskars Liebe, aber Oskar will Silke nicht. Frau Müggental hält es für das Beste, wenn alle Welt Veganer würde, während der Bauernverband das entschieden anders sieht. Gott müsste also, wenn er ein Alleskönner wäre, auch noch ein Besserwisser sein. Denn ich schätze, wenn er Endlosdiskussionen vermeiden wollte, wäre am Ende er es, der zu entscheiden hätte.

Man kann sagen: Das sind doch alles Kinkerlitzchen. Gott kümmert sich nur um die wirklich wichtigen Probleme. Ich fürchte allerdings, dass er auch damit eine Menge Zorn auf sich ziehen würde. Niemand hat es gern, wenn das, was ihn gerade beschäftigt, als Kleinigkeit bezeichnet wird.

Es gibt Menschen, die tun so, als könnten sie alles. Sie haben immer einen Schraubendreher, fünf Pflaster, ein Apfelkuchenrezept und eine passende Antwort in der Tasche. Sie stellen keine Fragen, weil sie ja schon alles wissen. Sie sind mir unsympathisch. Wenn einer alles kann, braucht er keine anderen mehr. Eine Welt voller Alleskönner wäre eine Welt voller Einzelgänger. Vielleicht dachte Gott: Alles zu können ist auf acht Milliarden Menschen besser verteilt, als auf einen einzigen Gott. Und weil er schon mal beim Verteilen war, gab er all seine Liebe dazu. Damit kann man sowieso nachhaltiger Probleme lösen als mit einseitig verteiltem Wissen. Die Liebe ist schließlich die Größte von allen. Jetzt müssen wir sie nur noch nutzen.

Ole kann gute Fragen stellen. Und aus Sand Kuchen backen. Ich kann Mut machen und Brötchen schmieren. Wir sind zwei. Das ist doch schon mal ein Anfang.

mag ich: Warum-Fragen. Sesamstraße. Das Geheimnis. Etwas leihen und verleihen. You-Tube-Tutorials. Kraft, die einem zuwächst. Schweizer Taschenmesser. Wenn Glaube und Wissenschaft Schwestern sind.

31 Wie es ist, mit Gott zu streiten

Wir müssen reden, Gott.

Du bist kompliziert.

Ich weiß, ein Gespräch sollte möglichst mit einer Ich-Botschaft beginnen. Zumal ein Streitgespräch. Aber ich will nicht. Ich will jetzt nicht die Verständnisvolle sein, das war ich 45 Jahre. Es liegt an dir. Ich bin hier. Wo bist du?

Es ist nicht das erste Mal, dass ich auf dich warte und du tauchst nicht auf. Du machst keine Termine. Du magst keine klaren Verabredungen. Du rufst mich nicht an. Und vor allem: Du redest nicht. Ich habe keine Ahnung, was in dir vorgeht, ich habe keine Ahnung, ob du mich hörst und ich habe auch keine Ahnung, ob du überhaupt hören willst, weil alle irgendwie durcheinanderreden, weil alle irgendwas von dir wollen. Jedenfalls die, die noch nicht aufgegeben haben.

Was ich zu sagen habe, ist banal. Jedenfalls im Vergleich. Aber das ist keine Begründung für dein Schweigen, denn auch zu Kriegen, Hungersnöten und durchgeknallten Möchtegern-Weltherrschern sagst du nichts.

Ich stand all die Jahre auf deiner Seite. Ich habe dich verteidigt. Ich habe versucht dich zu erklären, dich und dein Schweigen, obwohl ich es selbst nicht verstehe. Ich habe Entschuldigungen für dich gesucht. Ich war deine Anwältin.

Ich finde, jetzt schuldest du mir was.

Vielleicht war ich zu vorauseilend. Schon möglich. Ich habe mich ergeben, bevor du mich erobern konntest. Ich habe den anderen erzählt, warum du es wert bist. Ehrlich: Vielleicht wollte ich es vor allem mir selbst erzählen. So wie man pfeift im dunklen Wald.

Es gibt Momente, da denke ich: Du bist da. Sonst hätte ich längst aufgegeben. So wie man in der U-Bahn ein Klingeln hört und nicht sicher ist, ob es das eigene Handy ist oder das eines anderen. Aber dann ist das Display doch schwarz.

Warum tust du das? Warum setzt du dich nicht neben mich? Wozu dieses ganze Geheimnis?

Ich bin nicht die einzige. Ich bin sicher, jetzt in diesem Moment warten viele auf dein Klopfen. Sie ließen dich ein.

Es ist Dienstag, zwanzig vor zehn. Morgen um diese Zeit werde ich wieder hier sein und übermorgen und dann den Tag. Ich werde dich nicht lassen. Ich warte.

mag ich nicht: nur das glauben, was man sieht. Vorauseilende Entschuldigungen. Verspätete S-Bahnen. Genau zu wissen, was Gott will (wenn man nicht Gott ist). Ungeduld. Auf einen Anruf warten, der nicht kommt. Gottes Schweigen.

Wir gehen auf eine Reise. Ich habe keine Ahnung, wohin sie führt. Sie kostet nichts. Man kann sie nicht buchen. Selfies sind nicht möglich. Niemand kann sagen: Da war ich schon. Online-Bewertungen und Empfehlungen sucht man vergeblich.

Wir sind gemeinsam unterwegs. Und doch kommt jeder an einen anderen Ort. Wir brauchen kein Flugzeug, nicht mal ein Fahrrad.

Diese Reise findet im Kopf statt.

Und sie beginnt jetzt.

Stell dir vor:

Heute Morgen liegt eine Einladung in deinem Briefkasten. Kein Absender auf dem Umschlag. Du hältst ihn gegen das Licht, das Papier ist dick. Im Inneren liegt eine Karte. Du holst sie raus.

»Himmel« steht auf der Karte, »Herzlich willkommen!«.

Einen kurzen Moment bekommst du einen Schreck: Bin ich schon tot?

Nein, du bist nicht tot. Ganz im Gegenteil, du fühlst dich lebendiger denn je.

»Himmel« liest du und denkst an Wellnesstempel und Wattewölkchen, an Himmelbett und Harfenklang.

Aber als du die Karte umdrehst, steht da etwas ganz anderes:

»Himmel, hier und jetzt. Himmel, du bist mittendrin.«

Du wunderst dich.

»Der Himmel ist mitten unter euch«, sagt Jesus. »Der Himmel ist hier.«

Verstohlen blickst du dich um. Jemand hat Zwiebeln gegessen. Ein paar Junkies liegen draußen auf der Straße und du hast Angst um dein Portemonnaie.

Der Himmel ist hier.

In der U-Bahn musstest du heute früh stehen. In den Nachrichten hörst du die Krisen der Welt.

Der Himmel ist hier.

Der Himmel ist in Afghanistan. Der Himmel ist im Hauptbahnhof. Der Himmel ist im Käseladen, der Himmel ist im Krankenhaus. Der Himmel ist im Nachbarzimmer, der Himmel ist in Washington. Der Himmel ist in Buchenwald. Der Himmel ist im Internet. Der Himmel ist im Kindergarten. Der Himmel ist am Küchentisch. Der Himmel ist da.

Der Himmel ist die Möglichkeit: Nach oben offen.

Der Himmel ist anders als du denkst:

Der Himmel ist ein Feld, das darauf wartet, bestellt zu werden.

Der Himmel ist eine Wolldecke. Keiner kriegt kalte Füße.

Der Himmel ist ein Augenblick. Nur die Wachen sehen ihn.

Der Himmel ist ein Apfelkuchen. Jeder gibt ein Stück.

Der Himmel ist ein Sack voller Lose, und jedes ist der Hauptgewinn.

Der Himmel ist ein Hase, den der Schuss des Jägers nicht erwischt.

Der Himmel ist ein Kopfstand. Nur die Mutigen wagen ihn.

Der Himmel ist ein Gegenüber, das zum Miteinander wird.

Der Himmel ist ein Gedicht, und du bist der Reim.

Der Himmel ist ein Engel, der an den Himmel erinnert.

mag ich: Wolken. Die Fähigkeit, etwas für möglich zu halten. Pippi Langstrumpf. Das Leben. Sich aufeinander verlassen zu können. Himmelblaue Wände. Angelus Silesius und seine Verse (»Der Himmel ist in dir«). Baiser-Törtchen.

33 Wie es ist, schräg zu sein

Wir sind schräg. Das muss man so sagen. Wir erzählen Geschichten von Leuten, die übers Wasser gehen, obwohl keiner von uns so etwas schon mal erlebt hat. Wir essen bedächtig ein Stück trockenes Esspapier und wenn wir Glück haben, gibt es einen Schluck Wein dazu. Dennoch ist es für viele der Höhepunkt unseres Rituals. Wir singen zu langsame Lieder und schauen auf einen Mann, der trotz aller Ästhetik stirbt. Darüber geraten manche in Verzückung. Alle zwei Jahre fallen wir mit bunten Schals in eine andere Stadt ein und keiner checkt, was wir da eigentlich tun.

Wir sind schräg, aber am schrägsten ist, dass wir so tun, als ob das alles ganz normal wäre. Als könnte man rationalisieren, was wir da glauben. Manchmal versuchen wir auch ein Event daraus zu machen, das von mittelmäßigen Volksfesten kaum zu unterscheiden ist. Die Feuerwehr kann es in der Regel besser.

Stehen wir doch dazu! Worauf wir setzen, ist schräg. Wir können Gott nicht beweisen, also lassen wir es doch. Wundererzählungen sind keine historischen Dokumentationen. In der Bibel gibt es zusammenhanglose, gewalttätige, moralische, altertümliche, frauenfeindliche, unverständliche Geschichten. Wer sie wörtlich nimmt, kommt in Teufels Küche.

Aber was es auch gibt, sind eben diese Texte, die zum Grundwortschatz des Lebens taugen. Die so schön sind, dass sie strahlen. Deren Rhythmus wie ein Zauberwort ins Blut geht, Magie gegen Angst und Hoffnungslosigkeit.

Es gibt Geschichten, die haben das Zeug dazu, die eigene Geschichte zu erzählen. Es gibt Lieder, die heben einen in den Himmel. Und es gibt Momente, da passiert ein Wunder, während wir uns noch wundern.

Das kann man nicht planen. Um es zu erleben, muss man durch das andere eben durch. Genau so, wie man viele Stunden in die Nacht starrt und friert und viel lieber auf dem Sofa liegen und irgendeine Serie gucken würde – und dann geschieht es und die Sternschnuppe fällt direkt auf uns herab. Genauso wie man laufen muss, um den Flow zu erleben. Das Hoch kommt nie am Anfang, sondern erst, wenn man gekeucht und geschwitzt hat und trotzdem weitergelaufen ist.

Instant-Erleuchtung gibt es nicht. Und vielleicht kann Religion auch nie hip sein. Wie können wir entflammt werden, wenn wir kontrollieren wollen, wie wir wirken? Wie können wir brennen, wenn wir gleichzeitig cool bleiben wollen? Es ist derselbe vergebliche Versuch, wie der Wunsch, beim Sex vor allem eine gute Figur zu machen. Oder im Schlaf die Kontrolle über die eigenen Gesichtszüge zu behalten. Oder im Zustand größter Verzweiflung eine geordnete Frisur zu haben. Wer weint, ist nicht schön.

Wir können uns nicht fallenlassen und uns gleichzeitig kontrollieren. Wer fällt, gibt sich für einen Moment aus der Hand. Beim Sex, im Schlaf, beim Weinen und im Glauben.

Kann sein, dass ich dabei eine schräge Figur mache. Das Risiko nehme ich auf mich.

mag ich: Osternächte. Abendmahl mit Käsebrot. Weihrauch riechen. Jakobsmuscheln an Straßenlaternen. Gregorianisch singen. Unbefangenheit. Höhepunkte. Kirchentage. Begeistert sein.

Was trägt dich?

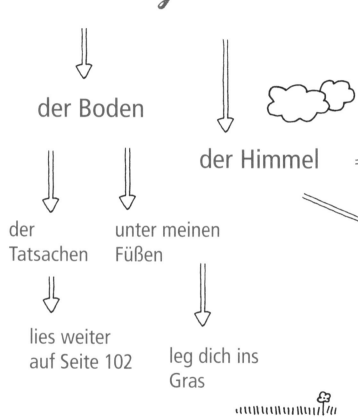

der Boden

der Himmel

der Tatsachen

unter meinen Füßen

lies weiter auf Seite 102

leg dich ins Gras

die Vorstellungskraft

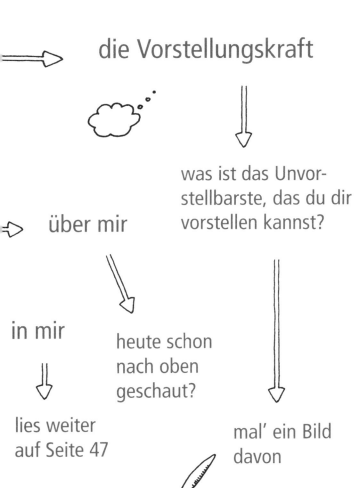

was ist das Unvor-
stellbarste, das du dir
vorstellen kannst?

über mir

in mir

heute schon
nach oben
geschaut?

lies weiter
auf Seite 47

mal' ein Bild
davon

Ausprobieren

Gott ist mutig und raucht im Himmel Pfeife

»Wenn ich mutig bin, habe ich kein schlechtes Gewissen«, denkt Gott. Er zieht an seiner Pfeife, heimlich, weil die Engel ihm das Rauchen verboten haben. Er hat darauf gepocht, dass er Gott ist und tun kann, was er will. Schließlich kann ihm nichts etwas anhaben. Nicht eine Pfeife, genauso wenig wie ein hungriges Krokodil oder ein Atomkrieg. Ein Atomkrieg wäre schlimm, aber er würde bleiben. Wenn auch sehr allein.

Die Engel sehen ihn streng an und mahnen: Er soll nicht so egoistisch sein. Was werden die Menschen von einem Gott halten, der raucht?

»Sie sollen denken, dass ich kein Mensch bin«, brummt Gott, denn diese ganze Political Correctnes geht ihm auf die Nerven. So nennt man das heute jawohl. Wein darf er nicht mehr trinken wegen der Alkoholiker, Nusskuchen ist im Himmel abgeschafft wegen der Allergiker. Fußball darf er nicht mehr spielen, weil sich die Lahmen zurückgesetzt fühlen könnten und seine Pause musste genau 36,5 Minuten betragen, weil die Gewerkschaft das so will.

»Aber ich bin in keiner Gewerkschaft«, hatte er gepoltert.

»Aber du solltest solidarisch sein!«, hatten die Engel ihm das Wort abgeschnitten.

Ach, denkt Gott.

Er war immer solidarisch gewesen. Mit den Schwachen war er schwach und mit den Starken stark. Mit den Fröhlichen hat er Feste gefeiert, mit den Hungrigen gehungert und mit den Übermütigen war er über Mauern gesprungen. Er hat geweint mit den Trostlosen und gewütet mit den Zornigen. Am Ende war er mit den Sterbenden gestorben. Und dann war er mit ihnen den Weg in den Himmel gegangen, hat sie begleitet, wenn sie nicht wussten, wie ihnen geschah.

Er war für alle da. Das hat nicht allen gefallen.

Gott seufzt. Er ist müde. Nach ein paar Milliarden Jahren darf man vielleicht auch einmal müde sein. Er will doch nichts anderes, als hin und wieder unter seinem Apfelbaum ein Pfeifchen rauchen. Und wenn wirklich jemand zu husten beginnt, dann würde er die Pfeife eben ausmachen.

»Das ist nicht der Punkt«, korrigieren ihn die Engel. »Die Menschen haben eine Vorstellung von dir. Der solltest du entsprechen. Alles andere wäre eine Lüge. Gott muss ein Vorbild sein.«

Er sieht vor sich, wie es kommen wird: Gott hat Veganer zu sein, bis das überholt ist. Dann muss er sich eine Weile wie damals in der Steinzeit von diesen fürchterlich zähen Mammuts ernähren. Wahrscheinlich wird dann Weizen wieder eine Renaissance erleben, so dass die Chance auf Nusskuchen wieder steigen. Den ganzen Tag wird er damit zu tun haben, herauszufinden, was gerade richtig ist.

Ach, denkt Gott ein weiteres Mal. Wenn ich mutig wäre, würde ich die Engel zum Teufel jagen!

Wir machen ein Experiment. Geh zum Hauptbahnhof oder in ein Schuhgeschäft. Ein Schwimmbad geht auch oder der Wochenmarkt. Wähle einen Ort, an dem andere Leute sind. Such dir eine Person aus und stell dir vor: Da steht Gott.

Sieh an, denkst du. Sie hat eine Dauerwelle. Er trägt einen Pullunder. Er schaut gerade etwas mürrisch. Es heißt, Gott kann man in allen Dingen finden. Das kann ganz schön verstörend sein. Wenn Gott überall ist, dann muss er auch im Gemüseverkäufer sein und in diesem nervigen Kind mit seinem plärrenden Smartphone. Ziemlich nah also.

Als ich 12 war, ging ich zum Konfirmandenunterricht, weil alle dahin gingen und es außerdem die Aussicht auf eine Stereoanlage gab. Ich saß 2 Jahre in einer Bank, schwänzte so oft es ging und versuchte, Paulus und Martin Luther auswendig zu lernen. Das war sehr mühsam. Ich war nicht dumm, aber ich verstand kein Wort. In der letzten Konfirmandenstunde durften wir dann Fragen stellen. Ich fragte, was das alles mit meinem Leben zu tun hat. Der Pastor nickte und nahm den nächsten dran. Eine Antwort hatte er nicht.

Da dachte ich: jetzt erst Recht. Jetzt will ich es wissen. Und ich begann eine Reise durch muffige Jugendkeller, ich traf in Zungen redende Charismatiker, ging zu Kirchentagen – und auch mal auf einen Katholikentag, ich hörte die Verbote der Strenggläubigen, ich las schulddurchtränkte Schriften, bei denen es einem ganz blümerant wurde, ich versuchte ignatianische Exerzitien und meditierte in Klöstern, ging den Jakobsweg, ich las mit leuchtenden Augen historisch-kritische Bibelauslegungen und sang genauso bewegt Taizélieder. Überall hielt ich Augen und Herz offen, ob ich Gott wohl erblicke, und manchmal schien er tatsächlich irgendwo dazwischen zu sein. Sicher konnte ich mir nie sein und immer wenn ich dachte: Jetzt hab ich ihn, da war er wieder weg. Immer dann, wenn mein Denken zu eindimensional wurde, führte es in Abgründe und in Sackgassen.

»Einen Gott, den es gibt, gibt es nicht«, las ich. Wenn ich meine, Gott zu haben, ist er mir längst entglitten.

Mit Gott zu rechnen, ist ein Experiment. Aber es hat nichts mit Mathe zu tun. Die Gleichungen gehen anders. Mit Gott zu rechnen heißt, zuallererst einmal so zu tun, als ob es ihn gibt. Beweisen kann man das nicht. Ein Gott, den man beweisen könnte, wäre kein Gott.

Gott ist ein Vielleicht. Damit muss man leben können. In diesem Vielleicht liegt alles, weil in diesem Vielleicht alles möglich ist.

Ich stelle mir also vor, Gott steht vor mir. Sein Aussehen spielt keine Rolle. Auch die Bibel verliert kein Wort darüber. Gott steht vor mir und sagt: Ich liebe dich.

Wenn ich versuche, all die kitschigen Bilder, die ich in meinem Leben schon gesehen habe, außen vor zu lassen, dann ist das doch ein ganz außerordentlicher Gedanke. Ich glaube, es wäre ein ichveränderndes Spiel, sich diese schlichte Szene täglich vorzustellen. Morgens nach dem Zähneputzen oder so.

mag ich: Gedankenspiele. Offene Kirchen für jeden. Christstollen. Das Vaterunser am Rhythmus erkennen. Leonard Cohens Halleluja. Mich bekreuzigen. Trotz allem die Welt besser machen wollen.

35 Wie es ist, im Alltag zu meditieren

Es gibt so viele Möglichkeiten, meditieren zu lernen. In der Bahn zum Beispiel. Das ist sogar eine relativ günstige Variante, denn man braucht keine horrende Kursgebühr für irgendein Zenkloster aufzubringen, wo es dann doch nur lauwarmen Reis zu Mittag gibt. Eine Fahrkarte reicht, der Meditationskurs ist dann inklusive.

Man steigt also ein, wählt ein Großraumabteil, nimmt eine aufrechte Sitzposition ein und wartet. Meistens eröffnet den Kurs schon nach wenigen Minuten ein Mann (es kann auch eine Frau sein), der zu seinem Smartphone greift und die Mitreisenden mit Details seines Lebens unterhält. Er tut das so laut, damit auch schwerhörige Reisende nicht ausgeschlossen sind. Ich habe schon eine Trennung, mehrere Krankengeschichten, eine Aktientransaktion und allerlei andere Banalitäten mitgehört, die meinen Geist von dem Buch, das ich zu lesen versuchte, abzogen. Und genau da beginnt der praktische Teil des Kurses: Lass dich nicht ablenken. Fokussiere deine Gedanken auf den Buchstaben A und alle folgenden. Vergiss die Welt um dich herum.

Der Handymann wird irgendwann abgelöst werden von einer monoton sprechenden Mitreisenden, die ihre Sitznachbarin über jegliche Unbill des Bahnfahrens zwischen Nordsee und Adria aufklärt. Sie hat ohrenscheinlich alles selbst erlebt und fährt immer noch Zug. Wer jetzt aufspringen möchte, der Frau an den Kragen gehen und schreien will: »Dann steigen Sie doch aus!«, kann Seelenruhe lernen. Das gelingt gut mit Atemübungen.

Schließlich wird irgendjemand sein Mittagessen aus-packen. Die Zeiten des Butterbrotes sind dahin und Mit-tag gibt es mittlerweile sowieso den ganzen Tag. Jetzt gilt es, die Ausdünstungen der frittierten Hähnchenflügel einer erfolgreichen Imbisskette als natürlichen Umge-bungsgeruch wahrzunehmen ohne

a) aufgrund plötzlich auftretenden Heißhungers dem Nachbarn das Essen aus der Hand zu reißen oder

b) aufgrund eines empfindlichen Magens denselben unkontrolliert zu entleeren.

Sicher eine Übung für Fortgeschrittene, bei der es hilft, Lavendel zu visualisieren.

Wer jemals den Nutzen von Meditation in Frage stellte, wird jetzt begreifen: Es handelt sich um eine Fähigkeit zur Alltagsbewältigung. Das meine ich ganz ernst. Diese Übungsfolge nenne ich mentale Verwandlung: die alltäg-lichen Widernisse des Lebens als Übungen zu betrachten. Zu denken, das hat alles genau so seinen Sinn, nämlich den, dass ich dadurch etwas lernen kann. Gott gibt uns viele Aufgaben und ist in der Wahl der Mittel ausgespro-chen fantasievoll.

Ob das tatsächlich seinem Schöpfungsplan entspricht, weiß ich nicht. Aber das ist auch nicht so wichtig. Allein der Gedanke hilft, ohne handgreiflich zu werden durchs Leben zu kommen.

Und das ist es doch, was zählt.

mag ich nicht: Meckern über die Bahn und das Wetter. Meckern über Selbstmörder, weil sie den eigenen Zeitplan durcheinanderbringen. Mitleidlos sein. Erwarten, dass die Welt sich um einen selbst dreht. Gott dafür verantwortlich machen, wenn sie es nicht tut.

»Guten Tag, wir machen eine himmlische Erhebung. Die Auswertung geschieht nicht anonym und Sie können kein Cabrio gewinnen. Dafür gibt es auch kein Kleingedrucktes. Ihre Unterschrift benötigen wir auch nicht. Wir kennen Sie. Das braucht Sie nicht zu beunruhigen. Im Gegenteil. Wir verfolgen keine finanziellen Interessen und werden Ihre Antworten nicht für Werbezwecke missbrauchen. Wir wollen keinen Vertrag abschließen. Wir verkaufen auch nichts.

Verzeihen Sie die etwas umständliche Einführung. Das muss heute so sein. Früher hätten wir einfach ›Fürchte dich nicht‹ gesagt.

Bitte setzen Sie sich doch. Es wird einige Minuten dauern und möglicherweise werden Sie nachdenken wollen. Im Sitzen denkt es sich besser.

Also: Fangen wir an. Was macht Sie glücklich?

Wir unterscheiden nicht zwischen kleinem und großem Glück. Weil das Gefühl dasselbe ist. Das mag für Sie im ersten Moment verwirrend klingen. Aber es gibt nur ein Gefühl für Glück, wiewohl es viele unterschiedliche Auslöser gibt. Man kann glücklich über eine Gänseblümchenkette sein und über einen Diamantring. Beides kann einen allerdings auch völlig kaltlassen. Dann liegt das Glück möglicherweise eher am Lagerfeuer oder in einem Wortwechsel an der Fußgängerampel. Sie wissen schon, was wir meinen.

Glück, sagen Sie. Das ist ja nicht gerade Glück. Höchstens Zufriedenheit. Sie denken da eher an den Lottogewinn oder die Hochzeit mit dem Traumprinzen. Beides war Ihnen noch nicht beschieden. Das tut uns leid. Allerdings weisen wir darauf hin, dass Glück sich nicht abnutzt. Sie brauchen es also nicht für die großen Momente aufzuheben. Glück ist genügsam. Es braucht keine großartige Inszenierung, es taucht auch an einer völlig unspektakulären Straßenkreuzung auf. Man muss es nur sehen. Manchmal ist es schüchtern.

Also noch einmal: Was macht Sie glücklich?

Und was tun Sie täglich dafür?

Die Frage überrascht Sie. Das sehen wir. Sie finden: Das Glück soll Sie überkommen wie ein Kometenregen. Was ja ein seltenes, ein äußerst seltenes Ereignis ist. Wir wagen zu behaupten, dass die wenigsten Menschen so etwas erleben. Daran kann man nichts ändern. Am Glück allerdings schon. Es lässt sich finden. Es lauert, wo Sie es nicht erwarten. Es findet nicht immer auf Augenhöhe statt. Manchmal muss man sich rühren, muss nach rechts oder links gehen, sich wegbewegen von seinem Standpunkt.

Finden Sie etwas, das Sie glücklich macht.

Wir liefern das Gefühl. Völlig kostenfrei, ohne Gegenleistung. Denn wir wollen glückliche Menschen. Sie spüren seltener den Drang, jemanden zu erschießen, die Weltherrschaft für sich zu beanspruchen, Frösche zu quälen oder einen Supermarkt zu überfallen. Glückliche Menschen sind weniger kleinlich, sie schreiben keine missliebigen Online-Bewertungen und sie beschweren sich nicht ständig übers Wetter. Glückliche Menschen sehen etwas, das andere Menschen nicht sehen.

Wir helfen Ihnen gern dabei.«

mag ich: Tee mit Sahne. Bänke in der Sonne. Das Gefühl nach dem Sport. Lieblingsmenschen. Selbstvergessen sein. Aquarellstifte. Den wedelnden Schwanz eines Hundes. Gelbes Laub im November.

37 Wie es ist, ja zu sagen und nein

Es waren einmal Geschwister. Das eine hieß Ja. Das andere hieß Nein.

Sie lebten auf der Erde einträchtig beieinander. Jedenfalls sollte das so sein. Aber wie es bei Geschwistern so ist, waren sie sehr unterschiedlich.

Das Ja war ein Sonnenschein. Überall, wo es auftauchte, freuten sich die Menschen. Es lachte. Es strahlte. Es versprach, alles zu geben. Niemandem wollte es etwas abschlagen: Ja, du darfst leben. Ja, die Gehaltserhöhung hast du verdient. Ja, du bekommst die dritte Kugel Eis. Ja, du darfst ihn/sie küssen. Ja, der Strand ist für alle da, auch für die Hunde. Ja, dein Wunsch sei Befehl.

Am Abend eines solchen Tages waren alle erschöpft, aber glücklich.

Mit dem Nein war es anders. Immer, wenn es auftauchte, wurde es still. Die Menschen versuchten, seinem Blick auszuweichen. Er war ernst. Das Nein hatte einen entschiedenen Zug um den Mund. Zwar konnte es auch lächeln, aber das verunsicherte viele. »Spielverderber«, riefen sie. »Schwarzseher!« »Alles willst du verbieten!« »Überall setzt du Grenzen!« »Das Leben soll ein Wunschkonzert sein. Du wirst das nicht verhindern!«

»Nein«, sagte das Nein, »das tue ich nicht. Ich helfe euch. Ich gebe euch mein Wort.« Aber das wollte keiner hören. Es war so kompliziert. Das Nein brauchte eine Menge Mut auf der Welt. Niemand mochte es.

»Du verbreitest schlechte Laune«, sagte das Ja. »Besser, du hältst den Mund.« Es wollte lieber fröhliche Menschen.

»Aber du brauchst mich«, entgegnete das Nein. »Ohne mich bist du konturlos und leer. Ohne mich bist du ausgehöhlt. Niemand wird dich mehr ernstnehmen, weil alle zu Jasagern werden. Stell dir mal vor, wie viele unglückliche Hochzeiten es gäbe, wenn niemand mehr Nein zu sagen wagte. Wie viele Kriege, wie viele fürchterlich egozentrische Kinder! Die Menschen hätten keinen Willen mehr. Ohne mich wirst du zum Diktator!«

Da entstand ein Schweigen.

Was immer das Ja jetzt sagen würde – es würde zugeben, dass es das Nein braucht.

mag ich nicht: Aus Angst vor dem Nein nicht fragen. Ja-aber-Gespräche. Sackgassen. Unverständliche Verbote. Mitmachen müssen, auch wenn man nicht will. Spielverderber. Falsche Versprechen. Süßstoff. Blinder Gehorsam

38 Wie es ist, mit der Angst Kaffee zu trinken

»Kaffee?«

»Nee«, sagt die Angst. »Lieber nicht. Davon kann man Herzrasen bekommen. Oder Magengeschwüre. Solltest du auch drauf achten. Für mich nur Wasser, bitte. Warmes Wasser.«

Das fängt ja gut an, denke ich. Den Käsekuchen brauche ich wohl erst gar nicht ins Gespräch zu bringen. Ein freudloses Kaffeetrinken.

Die Angst zuckt nur mit den Schultern, weil sie meine Gedanken kennt. Natürlich kennt sie meine Gedanken, meine geheimsten sogar. Das ist es ja, was uns verbindet. Sie weiß, auf welcher Saite sie mich berühren muss, damit ich anschlage.

Ich räuspere mich. Ich will die Oberhand behalten, das ist so ein dauerndes Ringen zwischen uns.

»Und«, frage ich, »wie geht es dir?«

»Ach«, sagt die Angst, »ich habe Angst.«

Nicht, dass mich das überraschen würde.

»Wovor denn?«

»Dass du mich verlässt.«

Oha, denke ich. Und: Sie kennt mich wirklich gut, denn natürlich hätte ich es am liebsten, dass sie verschwindet.

»Ohne dich bin ich nichts«, flüstert sie, und jetzt tut sie mir fast ein bisschen leid. Aber das legt sich schnell wieder, als sie fortfährt: »Wenn du mich verlässt, werden schlimme Dinge passieren. Niemand wird dich beschützen. Aber ich, ich kann dich beschützen. Mit mir passiert dir nichts.«

Sie guckt verschwörerisch.

»Das ist ja ein nettes Angebot«, erwidere ich, »aber du bist so ... besitzergreifend ...«

»Weil du mich loswerden willst!« Jetzt kreischt sie fast. Sie kann wirklich schnell panisch werden.

»Will ich doch gar nicht«, versuche ich zu beschwichtigen, obwohl das eine Lüge ist. »Na gut, will ich doch. Kannst du nicht vielleicht ein bisschen entspannter werden?«

»Wie denn?«, fragt die Angst, »wenn ich doch all die Katastrophen vor Augen habe, die passieren könnten! Flugzeugabstürze! Riesenspinnen! Ewige Einsamkeit! Ein Dasein unter der Eisenbahnbrücke! Tückische Krankheiten! Terroristen! Schlünde, die sich plötzlich auftun!«

»Schon gut, schon gut«, unterbreche ich sie. »Du übertreibst.«

Sie sieht mich mit aufgerissenen Augen an, und ich merke sofort, dass Abwiegelung die falsche Strategie ist.

»Also gut«, sage ich, »wir drehen die Sache einfach um: Ich passe auf dich auf. Dass dir keiner etwas tut. Ich wehre alle Gefahren von dir ab. Ich werde Spinnen fangen, ausreichend Obst essen und Eisenbahnbrücken nur zum Queren benutzen.«

»Kannst du das denn?«

Sie traut mir nicht viel zu.

»Für dich«, erkläre ich feierlich, »werde ich es lernen.«

An dieser Stelle wären jetzt Sonnenuntergang, Zoom und Kuss angebracht. Aber so weit will ich dann doch nicht gehen ...

mag ich: Der Angst ins Auge sehen. Nachts im Wald sein. Das Märchen von einem, der auszog, das Fürchten zu lernen. Seinen Spielraum erweitern. Betäubung beim Zahnarzt. Geisterbahnen. Stoßgebete. Merken, dass etwas gar nicht so schlimm war.

39 Wie es ist, jetzt zu leben

Als ich klein war, sollte alles für immer sein. Die Prinzessin lebte glücklich bis an ihr Lebensende und wenn sie nicht gestorben ist, lebt sie noch heute. Einen Beruf wählte man für immer, am besten auch die Arbeitsstelle. Mein Vater saß bis zur Rente im selben Büro und fand das normal. Eine Liebe sollte halten, bis dass der Tod uns scheidet. Alphaville sangen »Forever young« und ich war sicher, die Neue Deutsche Welle sei gekommen, um zu bleiben. (Hier war es übrigens mein Großvater, der Zweifel anmeldete.) Man kaufte ein Haus, in dem man sterben würde.

Ich wuchs mit der Vorstellung auf, dass man einmal etwas entscheidet und es dann dabei bleibt. Ein lineares Abarbeiten der Dinge: Geburt, Kindergarten, Konfirmation, Abi, Arbeit, Hochzeit, Kinder, Haus, Rente. So einfach, so übersichtlich. Das Leben auf diese Art ist beruhigend, weil planbar.

Leider spielt mein Leben nicht mit. Es will nicht. Es scheint nichts von To-Do-Listen zu halten. Spontanität lieg ihm mehr. Ich bat es ein paar Mal, es möge sich zusammenreißen. Die anderen kriegten das doch auch hin. Aber mein Leben zuckte mit den Schultern und sagte: »Nö.« Es hat seine eigenen Regeln und Vorstellungen. »Vergiss das Konzept von ›Für immer‹. Brauchst du das wirklich?«

Ich nicke ängstlich, denn was man hat, das hat man.

»Pah«, sagt es. »Geht's denn ums Haben?«

Und dann geht mein Leben los, es geht irgendwohin, ich kann den Weg nicht genau erkennen, weil er hinter einer Kurve verschwindet. Ich rufe hinterher, es solle zurückkommen, aber es denkt nicht daran. Ich will mein Leben nicht allein lassen, also folge ich ihm und hole es ein. Ein bisschen widerstrebend und meckernd, warum es nicht mit dem zufrieden ist, was wir haben. Dass die anderen das doch auch schaffen. Aber es lässt sich nicht beirren.

In Wirklichkeit bekommen es die anderen nämlich auch nicht hin: Meine Eltern ließen sich scheiden. Die Mutter eines Nachbarsjungen starb. Helmut Schmidt wurde abgewählt. Tschernobyl störte unser Spiel im Wald und Pilze waren auf einmal giftig. Meine Freundin zog weg. Der Braune Bär schmeckte plötzlich nicht mehr und nach dem tausendsten Flugzeug im Bauch mochte ich nicht mehr mit Herbert Grönemeyer mitsingen. Irgendwo bröckelte es immer. Ich betrachte es als Scheitern.

»Warum«, fragt mein Leben, »bezeichnest du etwas, das lange gut war, als Scheitern?«

»Weil ich es nicht halten konnte«, sage ich.

Mein Leben runzelt die Stirn: »Kannst du den Wind festhalten? Den Frühling? Eine Sternschnuppe? Ein Glühwürmchen, einen Gänsehautmoment, einen Regenbogen oder eine Seifenblase? Willst du all dies ernsthaft als Scheitern betrachten, weil du es nicht festhalten kannst?«

Seitdem lerne ich, mein Leben als eine Kette von Seifenblasen zu sehen.

mag ich nicht: B sagen müssen, weil man A gesagt hat. Im Restaurant immer das gleiche bestellen. Gott in ein Bild pressen (der Herr oder der Allmächtige oder der Vater). Plastikblumen. Angst vorm Wandel. Stammplätze. Traditionen, die niemand mehr mag.

Ich stelle mir das so vor: Eines Morgens steht plötzlich der Tod in meiner Tür und fragt: »Hast du Zeit?«

Ich murmele »jetzt nicht«. Dann erst begreife ich, wer da vor mir steht, und beeile mich, nochmal lauter zu rufen: »Auf gar keinen Fall! Ich kann jetzt nicht weg. Das ist etwas unglaublich Wichtiges, was ich hier tue!«

Er nickt. Er tut, als sei er verständnisvoll, aber ich weiß, das ist ein Trick. Denn normalerweise ist Wichtigkeit das letzte, was ihn schert. Er fragt: »Macht dir Spaß, was du da tust?«

Ich denke: Spaß, Spaß. Als ob es im Leben immer um Spaß geht – und merke, dass ich in seine Falle getappt bin.

»Dann kannst du ja mitkommen.«

Aber ich will nicht mitkommen, nicht jetzt. Ich will leben.

»Deswegen?«, fragt er und zeigt auf den Computer, an dem ich gerade sitze.

Ich eiere ein bisschen herum, weil ich gerade unzufrieden bin, genau genommen sehr unzufrieden, aber deswegen will man doch nicht das Leben aufgeben. Andere haben es schlechter. Irgendwann höre ich auf zu reden und dann ist Stille.

»Ich mein ja nur«, sagt er. »Wenn ich komme, hast du keine Wahl mehr. Vorher schon.«

Dann ist der Tod weg.

Vielleicht habe ich geträumt.

Ich weiß: Der Tod ist ein Totschlagargument. Aber er ist trotzdem ein Argument. Weil er kommen wird und weil es gut wäre, dann sagen zu können: Okay. Ich habe mein Leben gelebt. Und es nicht nur geduldet.

Ratgeber schlagen vor, kleine Sachen zu ändern. Mal ein Eis essen. Mal was Nettes sagen. Mal eine Postkarte an die Wand hängen, auf der so etwas steht wie: »Das Leben hat dich lieb.«

Ich glaube aber, man kann auch etwas Großes ändern. Manchmal muss man das sogar. Das Ruder herumreißen und gegen den Wind segeln. Etwas hinter sich lassen – eine Beziehung, eine Wohnung, eine Stadt, einen Job, ein Überstundenleben, ein eingefahrenes Selbst. Ich meine Sachen, die weh tun, weil Veränderung meistens weh tut.

Nicht aus einer Laune heraus. Und auch nicht, weil der Chef einen gerade blöd angeguckt hat oder ein anderes Problemchen im Weg liegt. Ich rede nicht vom Weglaufen. Ich bin viel zu sehr Realistin, um mein Leben in einer Sonntagslaune über Bord zu werfen. Ich bin die, die erst einen Segelschein macht.

Der Tod ist der, der mir zuraunt: Tu's. Du schuldest mir dein Leben.

mag ich: manchmal aufgerüttelt werden. Neujahr. Ungelesene Bücher. Verheißungen. Freunde, die Mut machen. Ignatianische Exerzitien. Änderungsschneidereien. Schubsengel. Gern tun, was ich tue.

Wovon träumst du?

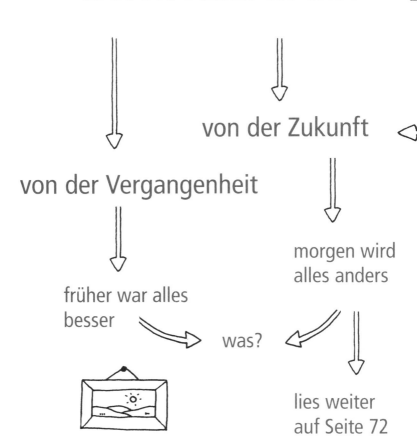

von der Zukunft

von der Vergangenheit

morgen wird
alles anders

früher war alles
besser

was?

lies weiter
auf Seite 72

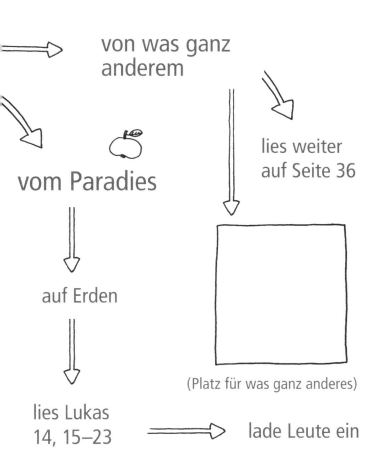

von was ganz
anderem

vom Paradies

lies weiter
auf Seite 36

auf Erden

(Platz für was ganz anderes)

lies Lukas
14, 15–23

lade Leute ein

SUSANNE NIEMEYER ist freie Autorin, Kolumnistin und Bloggerin (www.freudenwort.de). Vorher war sie langjährige Redakteurin bei »Andere Zeiten«. Auf ihren kreativen Schreibreisen nach Schweden, Sizilien oder in die Alpen sammelt sie neue Ideen und inspiriert dazu, eigene Geschichten zu erfinden. Von ihrem Schreibtisch in Hamburg hört sie die Schiffe tuten.

Kreative Denkanstöße mit Humor und Tiefgang

160 Seiten | Kartoniert
ISBN 978-3-451-03102-1

Mit kleinen Geschichten, Gedankenexperimenten und All-
tagsaufgaben nähert sich das Buch den großen Begriffen des
Lebens: Freiheit und Verantwortung, Tod und Leben, Beten und
Beichten, Himmel und Ewigkeit. Der bittere Ernst bleibt dabei
in der Schublade: Es darf gekritzelt, gegrübelt und gelacht
werden.

In jeder Buchhandlung!

HERDER

www.herder.de

So einfach ist das Glück

112 Seiten | Gebunden
ISBN 978-3-451-00655-5

Wohin, bitte, geht's zum Glück? Und wo liegt das Paradies?
Der schrullige Herr Wohllieb macht vor, wie es geht. Mit seiner
liebenswerten Sicht der Welt eröffnet er neue Perspektiven und
zeigt, dass sich hinter jeder Ecke eine neue Richtung auftut.
40 Geschichten vom alltäglichen Gelingen. Überraschend.
Einfach. Anders als gedacht.

In jeder Buchhandlung!